신학살이
사람살이

신학살이
사람살이

최더함 지음

신 학 으 로   사 람 을   보 다

목차

우리가 지상에서 산다는 것 자체는 복이 될 수 없습니다. 아무리 대단한 조건 속에서 살아도, 반대로 아무리 힘든 상황 속에서 삶을 이어가도, 그 자체만으로 의미가 있지 않다는 것이 성경의 가르침입니다. 그런 의미에서 전도서 기자를 통하여 성령께서 말씀하셨습니다. "전도자가 가로되 헛되고 헛되며 헛되고 헛되니 모든 것이 헛되도다 사람이 해 아래서 수고하는 모든 수고가 자기에게 무엇이 유익한고."(전 1:2,3) 그러면서 전도서 기자는 묘한 표현을 합니다. "모든 산 자 중에 참예한 자가 소망이 있음은 산 개가 죽은 사자보다 나음이니라."(전 9:4) 물론 '개와 사자'를 비교하고 있지 않고 '지상에 사는 사람들의 영적 소속, 곧 멸망의 굴레에서 영생의 나라로 바꿀 가능성'을 비유로 나타낸 것입니다. 그 처지가 아무리 곤비하게 사는 것 같아도 자기의 죽을 것을 알고 대비하는 지혜를 가

질 가능성이 남아 있는 자는 '산 개'와 같다는 것입니다. "무
릇 산 자는 죽을 줄을 알되 죽은 자는 아무것도 모르며 다시
는 상도 받지 못하는 것은 그 이름이 잊어버린 바 됨이라."(전
9:5) 그러니 전도서 기자는 '지상 생애'의 허무와 슬픔과 수고
중에서도 '주님 안에서 영원한 소망'의 빛을 가지고 사는 사람
만 지상의 삶을 잘 살고 있다는 것을 말합니다. 그래서 전도서
기자의 결론은 무엇입니까? "일의 결국을 다 들었으니 하나님
을 경외하고 그 명령을 지킬지어다 이것이 사람의 본분이니
라 하나님은 모든 행위와 모든 은밀한 일을 선악간에 심판하
시리라."(전 12:13,14)

이 책은 지상생애의 그런 참된 출로를 알려주는 지혜의 빛
을 뿜어내는 책이라 여겨집니다. 저자는 신학수업을 마친 후
신학대학에서 오랜 동안 교수로 섬겨 많은 후학들을 길러내
는 산파의 역할을 감당하다가 이제는 목회의 일선에서도 주
님의 양들을 먹이는 일을 감당하는 신실한 하나님의 사람입
니다. 제가 이 분과 아주 오래전부터 교제한 것은 아나 마치
어릴 때부터 교제한 친구같이 친숙함은 그의 신학적인 정론과
목양적인 진심을 늘 배우기 때문입니다. 이 책을 통하여 한 사
람의 영혼이라도 흑암의 권세에서 하나님의 사랑하시는 아들
의 나라로 옮겨지는 도구가 되기를 바라는 간절함이 책 지면

마다에 녹아 있습니다.

　오늘날 정말 성경대로 하면 '꾀 없이 미련한 자'로 여겨지는 세태 속에서 이 책을 읽는 이들이 교회사 속에서 성령께서 가르치신 복음의 참된 교리와 신학의 터 위에서 견고하게 다시 서는 일이 일어나게 하시기를 바랍니다. 정말 참된 그리스도인의 삶은 교리와 신학을 사유(思惟)와 행동, 곧 전인적 활동 속에서 투영하는 삶이 아니겠습니까. 하박국의 믿음의 사유와 확신을 이 책과 함께 생각해 봅니다. "내가 들었으므로 내 창자가 흔들렸고 그 목소리로 인하여 내 입술이 떨렸도다 무리가 우리를 치러 올라오는 환난 날을 내가 기다리므로 내 뼈에 썩이는 것이 들어왔으며 내 몸은 내 처소에서 떨리는도다 비록 무화과나무가 무성치 못하며 포도나무에 열매가 없으며 감람나무에 소출이 없으며 밭에 식물이 없으며 우리에 양이 없으며 외양간에 소가 없을지라도 나는 여호와를 인하여 즐거워하며 나의 구원의 하나님을 인하여 기뻐하리로다 주 여호와는 나의 힘이시라 나의 발을 사슴과 같게 하사 나로 나의 높은 곳에 다니게 하시리로다."(합 3:16-19)

"신학살이 사람살이"는 성경의 첫번째 책에 등장하는 4가
지 사건을 다룹니다.

그러나 결국 우리네 보통 사람들의 이야기입니다.

그 안에는 삶의 실체가 있고, 그래서 사람의 죄가 있는 그대
로 드러나 있습니다.

동시에, 이 책 "신학살이 사람살이"에는 신학이 있습니다.

개혁신학의 관점에서 바라보는 인간실존과 죄의 본질이 잘
분석되어 있습니다.

나아가, 이 책에는 사람에 대한 이해가 있고 용서가 있습
니다.

죄의 해결책이 있고, 죄를 어떻게 극복할 것인지에 대한 성
경적 전략이 잘 소개되고 있습니다.

저자의 상상력이 깃든 성경적 강론을 흥미진진하게 읽어볼 것을 추천합니다.

열린 마음으로 책과 대화하면서 상상력 깃든 묵상의 시간을 즐겨보시길 권합니다.

사람이 무섭다고, 사람이 싫다고 말하는 저자는 정작 사람을 좋아하고 사람들을 가슴 깊이 품고싶어하는 목자같은 목사입니다.

그는 개혁신앙을 견고히 붙들고 성경의 근간을 지켜내고자 하는 신학자이기도 합니다.

오늘을 사는 이땅의 그리스도인에게 "신학살이, 사람살이"를 마음의 지평을 넓히고 신앙의 깊이를 더할 좋은 동반자로 권해 드립니다.

이 책 "신학살이 사람살이"를 먼저 읽어본 황갑수 목사

여는 마음

사람이 무섭다.
사람이 무엇인지 몰라 무섭다.
사람이 하는 것이 못되기만 하여 싫다.
짐승만도 못한 사람도 있어 혀를 찬다.

사람이 오는 것이 두렵다.
그 사람과 관계를 맺는 것이 조심스럽다.
사람 속을 몰라 두렵다.
겉으로 드러난 미소는 과연 본심일까?

사람으로 태어난 것이 행운일까, 불운일까?
차라리 짐승이라면,
지옥 갈일도 없을 터인데
왜 사람이 되어 지옥 문 앞을 어슬렁거리는가?

나도 사람이다.
나는 또 얼마나 다른 이에게 무서운 존재일까?
내가 다가감을

얼마나 의심하고 경계하며 맞이할까?

창조주는 사람을 잘못 만든 것인가?
차라리 기계처럼, 반발 없이
차라리 숙명의 씨앗을 품게 하셨다면,
대적함도, 반란도, 멸망도 없을 터인데...

모두가 죽는다.
사람은 죽어야 한다.
살만한 가치가 없다.
전적으로 타락하여 오직 악하기에.

구원도 없어야 한다.
각자 제 마음대로 살다 죽으면 된다.
왜 태어났는지, 무슨 일을 해야 하는지
모르는 자에게 구원은 사치다.

세상에 사람들이 우글거린다.
나도 이 안에 있다.
모두 멸망의 길로 간다.

모두 죽는 길에 서 있다.

이런 사람들에게 주님이 오신 것은,
실수처럼 보인다.
이런 자들에게 천국 가자고 함은,
무가치한 것처럼 여겨진다.

그럼에도...
지금도 주님은 십자가 위에 계신다.
물끄러미 사람들을 내려다보신다.
혹, 구원받을 자가 있나 보신다.

제발 주님, 이제 그만 천국 문을 닫으세요.
제 눈엔 갈만한 사람이 보이지 않습니다.
제발 주님, 피눈물을 거두세요.
사람은 미친 존재입니다.

그래도 끝까지 참으시며 기다리실 건가요?

여는 글

'~살이': (일부 명사 뒤에 붙어) '어떤 일에 종사하거나 어디에 기거하여 사는 생활의 뜻'을 더하는 접미사. | 네이버 국어사전

   사람은 '살이'한다. '살이'는 '사는 것'이다. 세상살이는 세상을 사는 것이고 살림살이는 살림을 사는 것이고 사람살이는 사람과 더불어 사는 것이다. '삶'이란, 그냥 사람살이다. 살기 위해 사람은 살아간다. '살이'에는 죽음이 저 편에 서 있다. '살이'는 죽음을 외면하려 한다. 죽음을 모르고 '살이'할 수 없음에도 보기 싫고 두려워서 피하려 한다. 피한다고 피할 수 없음에도 마치 머리만 숨긴 채 자신을 다 숨겼다고 여기는 꿩처럼 죽음을 잊고 산다.

   그러나 죽음이 있기에 삶이 있다. 사람은 살기 위해 죽음을

알아야 한다. 죽음을 외면키 위해 '살이'하지만, 죽음을 피할 수 없기에 죽음의 문제를 언젠가는 해결해야 한다.

죽음은 공포다. 죽음은 기피와 혐오대상이다. 아무도 죽음을 좋아하지 않으며 죽기를 원치 않는다. 그저 죽을 수밖에 없기에 체념한 것일 뿐 자처하여 죽음을 마주하는 길에 들어서는 인생은 없다. 생을 포기하지 않는 이상 죽음의 시간이 늦추어지기를 원한다.

사는 것은 죽지 않는 것이다. 살기 위해 사는 것은 죽지 않기 위해 사는 것이며 인류는 죽지 않기 위해 그동안 발버둥 쳤다. 진시황은 불로초를 구하라고 명령했다. 제주도의 영지버섯도 불로초의 하나로 인식되어 진시황의 어상에 올려졌다. 불로초는 이제 과학자들의 손에 맡겨졌다. 그들은 새로운 불로초를 만들기 위해 인간에게 주어진 모든 지혜와 지식과 능력을 총망라하여 불로장생의 목표에 도전하고 있다. 과연 인생은 영생할 수 있을까?

문제가 발생하면 가장 합리적이고 과학적인 해결책은 원인을 찾는 것이다. 원인 없이 결과 없다는 '인과법칙'은 과학에 있어서 절대불변의 법칙이다. 과학자들은 어떤 일이나 존재가 우연히 발생했다는 것을 가장 듣기 싫어한다. 그럼에도 우주 탄생과 생명체의 탄생에 대해선 창조설보다 우연발생설 혹은 진화설 등에 집착한다. 아이러니한 일이 아닐 수 없다.

아무도 죽음의 원인에 대해 이야기하지 아니한다. 오직 한 분만 빼놓고. 아무도 인간이 왜 죽어야 하는지 이야기 하지 않는다. 오직 한 분만 빼놓고. 솔직한 이들은 죽음의 문제는 인간의 능력으로 알 수 없다고 말한다. 이런 식이다.

"죽음의 세계란 인간의 경험 영역, 지각 영역을 넘어서는 차원의 문제에 속하기 때문에 그 본체를 파악하기란 불가능하다"

반면에 모호한 입장도 있다. 생물학자들은 생물계에는 단세포 생물도 있고 다세포 생물도 있어서 생사를 가늠하는 기준을 일정하게 말하기 어렵다고 한다. 의사들은 고등동물인 인간의 죽음을 판정하는 기준을 정하는 일에 어려움을 겪고 있다. 일반적으로 죽음은 심장 운동과 호흡 운동의 정지를 표준으로 삼지만 가사상태(suspended animation)도 있고, 한때 심장 박동이 멈추었다가 다시 작동되는 사례들도 있기 때문이다.

어떤 이는 죽음의 극한 공포를 짐짓 무시하기라도 하듯이 죽음의 찬가를 부르기도 하는 억지(?)를 부리기도 한다. 그리스 비극시인으로 아리스토텔레스와 괴테로부터 극찬을 받았던 소포클레스(BC 496~?)는 죽음에 대한 생각을 바꾸어 번민에서 벗어나라고 조언하였다. 〈수상록〉(Essais, 1580)의 저자인 몽테뉴(1533~1592)는 이렇게 이야기한다. 죽음에 대한 깨달음을 강조한다.

"어디에서 죽음이 우리를 기다리고 있는지 모른다. 죽음을 배운 자는 굴종을 잊고 죽음을 깨달은 자는 온갖 예속과 구속에서 해방된다."

몽테뉴 식의 회의론은 당시의 스콜라주의 및 카톨릭 신학과 교리 등 독단적인 사상이나 체계에 대한 저항에서 출발하여 합리적 의심이라는 이성주의의 길을 열었다. 그의 말대로라면 그는 죽음의 문제를 의심하면서 죽음의 본질을 배우고 깨달았을 것이다. 과연 그가 죽음을 맞이하였을 때 죽음을 깨달아서 차분하고 이성적이며 완전히 자유로운 상태에서 죽음을 마주했는지 궁금하다.

 죽음에 대한 종교들의 해석도 다양하다. 불교는 허무를 이야기한다. 삶과 죽음 모두 실존이 아니라고 한다. 서산대사는 이렇게 읊조렸다.

"성품에는 본래 낳음이 없으므로 삶과 죽음과 열반이 없는 것이고, 허공에는 본래 꽃이 없으므로 나타났다 사라졌다 하는 것이 없는 것이다. 삶과 죽음이 있는 줄로 아는 것은 허공에 꽃이 나타나는 것을 보는 것과 같은 것이고, 열반이 있는 줄로 아는 것은 허공에 꽃이 사라지는 것을 보는 것과 같은 것이다"

 윤회(輪回)설은 삶과 죽음의 영속적인 반복을 주장하는 것이다. 살고 죽고 또 살고 죽는 일이 반복되는 것이니 죽음을 두려워하고 슬퍼할 하등의 이유가 없다는 것이다.

"사람이 죽는다는 것은 무로 되는 것이 아니다. 매미가 허물을 벗듯이 훨훨 벗어 던지고 새로운 옷으로 갈아입는 것이다. 낡은 허물을 벗는 것이 죽음이며 새로운 옷을 갈아입는 것이 윤회다"

유교의 창시자 공자는 불교인들보다는 좀 더 솔직한 편이다. 제자인 자로가 죽음에 대해 묻자 "삶에 대해서도 모르거늘 어찌 죽음에 관하여 알겠는가?"(未知生 焉知死!)라고 대답했다. 다만 공자는 인생이 죽음으로 끝나는 것이 아니라 자손의 모습으로 영원히 이어져 간다고 했다. 조상제사의 기원이 여기에 있다.

이쯤이면 '살이'는 죽음과의 싸움인 셈이다. 그러나 불행히도 이 싸움은 완전한 패배가 예정된 것이다. 죽음이 무엇인지도 모르고, 알려고도 하지 않으며, 죽음이 어디에 있는 존재인지도 파악하지 못한 채 하는 싸움은 마치 허공에다 주먹을 휘두르는 꼴이다. 실체가 없는 대상과 어떻게 싸움을 할 수 있는가?

그렇다면 당신의 삶은 온전할 수 있는가? 당신은 죽음의 문제를 제쳐놓고 편안한 마음을 가지고 살 수 있는가? 당신이 완전한 허무주의자라 해도 내일이면 부도가 날 위기에 봉착한 회사를 그냥 두고 마음 편한 상태로 오늘 밤에 깊고 달콤한 잠에 곯아떨어질 수 있는가?

그래도 우리가 마지막으로 기댈 수 있는 희망은 모든 문제에는 해답이 있다는 것이다. 모든 존재와 생동과 행위에는 설명할 수 있는 법칙이 있다는 것이다.

'2+2=4'
'원인 없는 결과는 없다'
'인간은 호흡으로 생존한다'
'만유인력의 법칙'
'지구 자전과 공전의 법칙'

법칙이 있다는 것은 누군가에 의해 법칙이 정교하게 세워졌다는 것을 의미한다. 그냥 우연히 법칙은 만들어지지 않는다. '인간은 태어나 반드시 죽는다'는 법칙은 누군가에 의해 죽음의 법칙이 작성되고 운용되기에 실제로 나타나는 것이다. 그렇다면 누가 이 법칙들을 만들었는가? 이 질문에 대한 정답은 누가 말해 주는가? 에둘러 말하지 않겠다. 그 정답은 오직 성경에 있다. 성경은 죽음의 원인에 대한 해답을 이렇게 공개했다.

"이러므로 한 사람으로 말미암아 죄가 세상에 들어오고 죄로 말

미암아 사망이 왔나니 이와 같이 모든 사람이 죄를 지었으므로 사
망이 모든 사람에게 이르렀느니라"(로마서 5장 12절)

"Therefore, just as sin entered the world through one man,
and death through sin, and in this way death came to all men,
because all sinned."

즉, 성경은 인류의 조상인 아담이 범한 죄(원죄)로 인해 모
든 인간은 태어나면서부터 죄를 지니게 되며 죽음은 이 원죄
로부터 하나님으로부터 받은 형벌이라고 분명하게 선포한다.
다만, 죽음에는 육신의 죽음과 영혼의 죽음이 있는데 육신의
생명은 죽음을 맞이하지만 영혼은 육신이 죽을 때 육신을 빠
져나가 하나님 앞으로 간다고 설명한다. 왜 영혼이 하나님 앞
으로 가느냐 하면 하나님이 창조자이시고 구원자이시고 심판
자이시기 때문이라 한다.

이것이 성경이 제시하는 정답서이다. 당신은 이 정답서를 불
신하고 팽개칠 수 있다. 그것은 당신의 자유다. 마치 시험지에
서 나열된 예시들을 자유롭게 고르듯이 선택할 자유가 있다.
그러나 당신은 스스로 선택한 행동에 대해 반드시 책임을 져
야 한다. 모든 선택에는 책임이 따르게 마련이기 때문이다. 나

아가 한 가지 사실은 오직 성경만이 해답을 제시한다는 것이다. 다른 곳에서는 이런 질문도 없으므로 해답도 제시되지 않는다. 성경은 회피하거나 모호한 답을 말하거나 전혀 근거가 없는 것을 말하지 않는다. 그리고 한 번만 슬쩍 스치듯이 언급하지 않는다. 성경은 시종일관 인간의 원죄를 이야기하고 인간이 가진 죄의 문제를 해결해야 한다고 강조한다. 이 죄의 문제를 해결하기 위해 예수 그리스도가 이 세상에 육신을 입고 오셨으며, 나아가 예수 그리스도는 인간의 죄 값을 대신 치루신 분이라고 증언한다. 그리하여 누구든지 예수 그리스도의 이 대속의 사실을 믿고 고백하면 영원히 죽지 않고 하나님의 나라에서 영생한다고 말하고 있다.

안타깝게도 대부분의 사람들은 이 사실을 인정하고 받아들이지 않는다. 듣지도 않는다. 들음도 없고 수용이 없으므로 믿음도 없다. 사람들은 오늘도 답을 찾지 못한 채 망망대해에서 자신이 지금 표류하고 있다는 사실도 망각한 채, 눈앞에 펼쳐진 고기잡이 놀이에 푹 빠져 있을 뿐이다. 사람은 자신이 몰두하고 있는 일을 방해하는 모든 행위에 적대적이다. 놀이에 빠진 아이들은 집으로 돌아오라는 부모의 간청을 쉽게 듣지 않는다. '놀지 말라'고 하면 오히려 화를 내고 짜증낸다. 세상 놀이에 빠진 어른들도 마찬가지다. 그것이 지금 현재로서는 가장 즐거운 일이기 때문일 것이다. 그런 아이를 바로 잡는 일이 힘들고 두려운 것처럼, 죽음의 문제를 회피하고 외면하고 부정하는 사람들에게 죽음의 원인과 해결책을 제시하는 일이 힘들고 두렵다. 세상에서 가장 힘들고 두려운 일은 듣지 않으려는 자의 귀를 여는 일이다. 들어야 지식도 생기고 깨달음도 생기고 믿음도 생기는 법이다.

　세상에서 제일 무서운 존재는 진리에 무관심하고 진리의 말씀을 듣지 않는 사람이다. 그런 사람과 더불어 '살이'하는 일은 고통이다. '2+2는 3이라 하는 아이, 5라고 우기는 아이, 모른다고 도망치는 아이들은 결국 시험에서 낙방한다. 정답을 가르쳐 주어도 말을 듣지 않는다. 그래서 사람이 무섭다. 불합격자는 어디에도 발붙이지 못한다. 시험 없는 인생은 없다. 시험은 합격이 목표이다. 합격하지 않은 자를 진학시키거나 취업시키는 것은 부정 청탁이요 불법이다. 그런 줄 알면서도 사람은 불법을 저지른다. 불법을 행하는 것은 죄다. 불나방은 다른 나방이 불에 타는 것을 보고서도 불에 뛰어든다. 죄인이 꼭 그렇다. 사람은 정말 무모한 존재다.

인생은 '살이'다. '살이'는 '사는 것'이다. 그런데 중요한 것은 어떻게 사는 것이냐가 아닐까? 아무렇게나 살 순 없다. 삶이 무엇인지 알고 살고 싶다. 사는 것이 무엇인지 이야기하고 싶다. 사람이 무엇이고 어떤 것인지 토론하고 싶다. 그리하여 우리에게 정답을 가르쳐 주신 하나님이 누구이신지를 소개하고 싶다. 그리고 하나님 안에서 사람을 바라보고 싶다. 이를 일러 '신학으로 사람을 본다'는 명제를 이끌어내었다. 물론 신학은 하나님에 대한 배움이요 학문이다. 그러나 하나님의 관심은 우선적으로 사람에게 있다. 그러므로 신학도 결국 사람을 위한 것이다. 사람이 있기에 신학도 있는 것이다. 그런 점에서 신학으로 사람을 바라보는 것은 하나님을 통해 사람을 관찰하는 것이라 해도 무방할 것이다. 그래서 두렵다. 인간인 주제에 하나님의 관점을 가지고 하나님의 입장에 서서 사람을 관찰하고 사람을 논하는 것이 과연 타당한 일인지 자신이 없다. 요즘은 모든 게 두려울 뿐이다. 두려워서 혼자 간직하지 못하고 공개한다. 과연 어떤 결과가 나타날까?

본서는 죄에 대한 이야기이다. 성경을 한 마디로 정의하자면 '죄에 대한 고발장'이라 할 수 있다. 성경에는 많은 죄의 이야기가 등장한다. 그중 본서에서는 창세기 1장에서 11장에 기록된 죄의 이야기를 다루고자 한다. 이 부분을 역사학자들은 '창조시대' 혹은 '원 역사시대'라고 칭한다. 이 시대에는 우주 만물의 기원과 인간창조이야기 그리고 에덴동산에서의 아담과 하와와 선악과 이야기, 그리고 가인과 아벨 이야기, 노아홍수 이야기와 바벨탑 이야기 등 우리 귀에 익숙한 이야기들이 나열되어 있다.

그러나 본서에서는 이 시대에 일어난 주요한 죄의 이야기들을 통해 왜 인간의 역사가 죄의 역사인가를 살피고자 한다. 이 시대에 기록된 주요 범죄의 목록들은 실상 모든 인간이 어느 시대, 어느 지역을 막론하고 동일하게 범하는 죄의 실상이라는 점에서 큰 경종을 울려준다.

최초의 범죄는 선악과 때문에 일어난 범죄이다. 하나님은 아담에게 선악과를 먹지 말라고 명령했다. 그런데 기어이 먹고 말았다. 하나님의 금지명령을 위반한 것이다. 이를 일러 '불순종의 죄'라 이름 붙였다. 두 번째 범죄는 가인이 동생 아벨을 살인한 죄이다. 살인죄는 하나님의 주권에 속한 생명권을 침해하는 범죄로서 참으로 악한 것이다.

세 번째 범죄는 창세기 6장에 기록된 범죄이다. 하나님의 아들들이 사람의 딸들의 아름다움을 보고 자기들이 좋아하는 모든 여자를 아내로 삼은 죄이다. 이 죄의 이름은 다양하게 별칭할 수 있다. 먼저 하나님의 아들들은 사람의 딸들과 섞이지 말아야 하는 것이었다. 하나님은 순결과 불결의 혼합을 싫어하신다. 하나님은 거룩하신 분이시다. 거룩에는 더러움이 공존할 수 없다. 다른 한편으로 이 이야기에는 인간의 육체적 정욕의 힘이 얼마나 강한지를 보여주는 대표적인 이야기도 된다. 필자는 고민하다가 이 죄목을 '정욕의 죄'라 칭했다.

마지막 네 번째 등장하는 죄목은 창세기 11장에 등장한다. 사람들은 동방으로 이동하다가 시날 평지에 안착한 다음 흩어짐을 면하고 인간의 이름을 내기 위한 명목으로 거대한 탑을 건축하기로 했다. 하나님의 자녀들이 하나님의 이름을 내고 하나님의 영광을 위해 살자고 다짐하는 것이 아니라 자신들의 이름과 영광을 드러내기 위해 하늘에 닿는 탑을 쌓았다고 하는 것은 인간이 가진 교만의 극치를 보여준다. 그래서 '교만과 자기영광의 죄'가 등장한다.

죄의 이야기는 결코 즐거운 이야기꺼리가 아니다. 그러나 모든 사람은, 모든 죄인들은 반드시 한 번쯤 이 이야기를 듣지 않고 피해갈 수는 없다. 두렵지만 죄의 길을 따라 죄와 함께 여행을 한다.

〈참조〉

독자들을 위해 다음 사항에 주의를 기울였다.

1. 되도록 각주를 기피했다. 이 책은 필자만의 묵상과 연구의 결과이기에 감상과 묵상을 방해하는 요소들은 아쉽지만 삭제했다.
2. 히브리어와 헬라어 원어는 읽기 쉽게 한글로만 표기했다.
3. 그럼에도 해설에 필요한 선진들의 의견이나 해석은 본문 안에서 함께 다루었다.

독자들의 즐거운 여행을 기대한다.

2018년을 맞으며
정릉 글방에서 최더함 씀.

"그러므로 한 사람으로 말미암아 죄가 세상에 들어오고 죄로 말미암
아 사망이 들어왔나니 이와 같이 모든 사람이 죄를 지었으므로 사망
이 모든 사람에게 이르렀느니라"(롬5:12)

罪

한자풀이
그물罒(망)에 그를 非(비). 즉, 잘못된 것(비)은 반드시 법망에 걸려 심판을 받게 된다는 뜻이다. 說文解字를 지은 허신은 '죄'를 '捕魚竹网'(포어죽망)이라 했는데 이것은 '물고기를 잡는 대나무 그물'이라는 뜻이다.

히브리어
하타트: 표적을 빗나가다. 실패하다
아바르: 벗어나다. 위반하다
아온/아벨: 불법, 잘못
파솨: 반역하다
솨가: 길에서 빗나가다
레샤: 악행, 죄악된 불법 행위들
아샴: 죄책
마알: 부정, 간음, 배신
샤베: 거짓됨

헬라어
하마르티아: 불법
아디키아: 불의, 부정
파라바시스: 위반
아노미아: 무법

짧은 죄론

죄는, 엄밀한 의미에서 단순히 사회의 도덕적 기준을 어긴 것에 국한하지 않고 인간들이 그들의 창조주 하나님께서 그들을 위해 의도하신 삶을 포기했거나 거절한 것을 뜻한다. 죄는 하나님의 특별한 금지명령에 대한 위반으로 시작되었다.

그러나 한편으로 우리는 하나님께서 죄가 세상에 들어오도록 예정하셨음을 인정해야 하고, 그 죄를 즐거워하지 않으셨음에도 도덕적인 피조물들의 자발적인 선택을 통하여 행해지도록 정하셨다고 보아야 한다. 나아가 아담과 하와의 불순종 이전에도 죄는 사단의 타락으로 인하여 천사들의 세계에 이미 존재하고 있었다는 것을 알아야 한다. 그럼에도 인류의 첫 범죄는 아담과 하와의 죄였다.

그리고 죄의 결과는 하나님과 죄를 범한 인간 사이의 분리이다.

"오직 너희 죄악이 너희와 너희 하나님 사이를 갈라놓았고 너희 죄가 그의 얼굴을 가리어서 너희에게서 듣지 않으시게 함이

니라"(사59:2)

　하나님과 분리된 인간의 상태는 오직 저주 아래에 놓인 것
일 뿐이다.

　"이는 너희 손이 피에, 너희 손가락이 죄악에 더러워졌으며 너희
입술은 거짓을 말하며 너희 혀는 악독을 냄이라 공의대로 소송하
는 자도 없고 허망한 것을 의뢰하며 거짓을 말하며 악행을 잉태
하여 죄악을 낳으며, 독사의 알을 품으며 거미줄을 짜나니 그 알
을 먹는 자는 죽을 것이요 그 알이 밟힌즉 터져서 독사가 나올 것
이니라. 그 짠 것으로는 옷을 이룰 수 없을 것이요 그 행위로는 자
기를 가릴 수 없을 것이며 그 행위는 죄악의 행위라 그 손에는 포
악한 행동이 있으며, 그 발은 행악하기에 빠르고 무죄한 피를 흘
리기에 신속하며 그 생각은 악한 생각이라 황폐와 파멸이 그 길
에 있으며, 그들은 평강의 길을 알지 못하며 그들이 행하는 곳에
는 정의가 없으며 굽은 길을 스스로 만드나니 무릇 이 길을 밟는
자는 평강을 알지 못하느니라"(사59:3-8)

　"기록된 바 의인은 없나니 하나도 없으며, 깨닫는 자도 없고 하
나님을 찾는 자도 없고, 다 치우쳐 함께 무익하게 되고 선을 행

하는 자는 없나니 하나도 없도다. 그들의 목구멍은 열린 무덤이요 그 혀로는 속임을 일삼으며 그 입술에는 독사의 독이 있고, 그 입에는 저주와 악독이 가득하고, 그 발은 피 흘리는 데 빠른지라. 파멸과 고생이 그 길에 있어, 평강의 길을 알지 못하였고, 그들의 눈앞에 하나님을 두려워함이 없느니라 함과 같으니라"(롬 3:10-18)

마지막으로 죄는 궁극적으로 비이성적인 것이다. 오늘날 사탄이 지속적으로 하나님께 대적하고 반역하는 것 역시 어리석은 선택이다. 아직도 하나님께 반역하는 인간도 마찬가지다. 성경은 "그 마음에 이르기를 하나님이 없다 하는 자는 미련한 자"(시14:1)라고 한다. 잠언에도 어떤 종류이든 죄를 범하는 자는 다 미련한 자라고 하고 있다.

"미련한 자는 행악으로 낙을 삼는 것 같이 명철한 자는 지혜로 낙을 삼느니라"(잠10:23)
- 참고: 잠12;15=16, 14:7, 15:5, 18:2 등

첫 번째 죄,

불순종

첫 번째 죄,
불순종

"여호와 하나님이 그 사람에게 명하여 이르시되 동산 각종 나무의 열매는 네가 임의로 먹되, 선악을 알게 하는 나무의 열매는 먹지 말라 네가 먹는 날에는 반드시 죽으리라 하시니라."(창 2:16-17)

"여자가 그 나무를 본즉 먹음직도 하고 보암직도 하고 지혜롭게 할 만큼 탐스럽기도 한 나무인지라 여자가 그 열매를 따먹고 자기와 함께 있는 남편에게도 주매 그도 먹은지라"(창3:6)

아담은 왜 그랬을까? 왜 먹지 말라는 선악과를 먹었을까? 왜 하나님의 명령을 어기고 죄를 지어야 했을까? 혹 아내를 지나치게 사랑하여 하나님의 명령을 순간적으로 잊어버리고 아내의 말에 무조건 따랐던 것일까? 그럴 가능성도 있다. 아담은 하와를 사랑했음이 틀림없다. 홀로 있던 아담에게 주신 하와라는 하나님의 선물은 아담을 극찬하도록 만들었다.

"아담이 이르되 이는 내 뼈 중의 뼈요 살 중의 살이라 이것을 남자에게서 취하였은즉 여자라 부르리라 하니라"(창2:23).

사랑고백?

이 사랑고백은 남자가 여자에게 바치는 인류 최초의 고백임과 동시에 최고의 찬사로 대접받아야 한다. 세계 어느 문학에도 여자를 향한 이런 찬사는 없다. 그 어떤 작가도 여자에게 이 이상 아찔한(?) 사랑고백을 생산한 적이 없다. 아담은 하와에게 한 눈에 반한 남자였다.

그것 때문이었을까? 이후 아담의 눈과 귀는 오직 하와에게 집중되었을 것이다. 적어도 아담은 하와를 만나기 전까지는 하나님과 대화하고 하나님과 산책하고 하나님과 연애하였다. 그러나 하와가 창조된 이후 아담의 눈은 하와에게 고정되었고 아담의 귀는 하와의 목소리를 향하였다. 아담은 하와에게 미쳤다.

지나치게 뜨거운 사랑의 열기는 오래가지 못한다. 시간이 지나자 아담의 가슴에 에덴동산의 바람이 불기 시작했다. 그 바람은 아담의 눈과 귀를 다시 에덴동산으로 향하게 하였다. 순간 아담은 하와로 인해 밀려있던 일들이 산더미처럼 쌓여 있음을 기억해 내었다. 아마 이때쯤 아담은 자신이 직접 지어준 이름들을 가진 피조물들이 어떻게 살고 있는지 궁금했을 수도 있었을 것이다. 혹은 아직 이름을 지어주지 못한 동물들도 있지 않았을까? 아담은 어느 날 아침에 아내에게 이렇게 말했다.

"여보, 이제 밀렸던 일들을 처리해야 해. 일할 때 당신하고 잠시 떨어져 있어야 해. 날 이해해 줄 수 있겠어?"

이때 사탄은 두 사람의 대화를 엿들었을 것이다. 드디어 사탄은 여자에게 접근할 절호의 기회를 가지게 되었다. 그런데 이상한 것은 사탄의 전략이다. 기껏 개발한 전략이 뱀으로 위장하고 나타났다는 것이다. 정말 이해가 잘 안 되는 점이다. 당연히 뱀이라면 하와는 기겁하고 도망쳤을 것이다. 그러나 뱀과 하와는 태연하게 대화를 나누었다.

"(중략) 뱀이 여자에게 물어 이르되 하나님이 참으로 너희에게

동산 모든 나무의 열매를 먹지 말라 하시더냐. 여자가 뱀에게 말하되 동산 나무의 열매를 우리가 먹을 있으나, 동산 중앙에 있는 나무의 열매는 하나님의 말씀에 너희는 먹지도 말고 만지지도 말라 너희가 죽을까 하노라 하셨느니라. 뱀이 여자에게 이르되 너희가 결코 죽지 아니하리라. 너희가 그것을 먹는 날에는 너희 눈이 밝아져 하나님과 같이 되어 선악을 알 줄 하나님이 아심이니라"(창3:1-5)

이에 대해 칼빈의 창세기 주석은 이렇다.

"뱀은 본래 말을 할 수 있는 동물이 아니었는데 사단이 하나님의 허락을 얻어 자기가 사용할 수 있는 적합한 도구가 되도록 했을 때 비로소 말을 할 수가 있었던 것이다. (중략) 동물이 하나님의 명령에 따라 말한다는 것이 도저히 믿을 수 없는 것처럼 보인다면 사람은 어떻게 말할 수 있는가? 그것은 하나님께서 사람에게 혀를 만들어 주셨기 때문이다."

그러나 좀 더 중요한 단서는 역시 히브리어 단어에 있다. 뱀으로 사용된 '나하쉬'는 레 19:26, 민 23:23, 24:1, 신 18:10, 왕하 17:17, 21:6 등에서 '마술을 사용하다' '점을 치다'라는 뜻으로 사용되기도 하였다. 그렇다면 뱀은 사탄이 부린 마술의 결과는 아닐까?

어쨌든 하와는 간교한 뱀의 세치 혀 놀림에 속아 넘어갔다. 하와는 기어이 선악과 열매를 먹고야 말았다. 그 다음, 하와는 사태의 심각성을 깨닫고 즉시 남편을 큰 소리로 불렀다. 아담은 하와의 부르짖는 소리에 놀라 허겁지겁 하와에게로 뛰어왔을 것이다. 아내에게로 돌아온 아담의 눈앞에는 이미 엎질러진 물처럼 돌이킬 수 없는 사태가 벌어져 있었다. 잠시 놀라움과 두려움과 침묵의 시간이 흘렀다. 아담은 자신 앞에서 알몸으로 벌벌 떨고 있는 아내를 바라보았다. 가슴 저 밑바닥에서부터 아내를 향한 연민이 솟구쳤다. 결국, 아담은 하와의 범죄에 동참했다. 자신이 행한 선택의 결과가 무엇인지도 모른 체 하와가 건넨 선악과 열매를 기어이 먹고야 말았다.

이것은 얼마나 아름다운 러브스토리인가! 진정한 사랑은 살아도 같이 살고 죽어도 같이 죽자고 다짐하는 서약으로부터 시작되는 것이 아닌가? 그리고 둘은 부부였다. 부부는 한 몸이다(창2:24). 아담은 진짜 남편으로서의 의무를 다했다. 아내가 하자는 대로 했을 뿐이다.

눈이 밝아지다

그런데 선악과를 먹자 그들의 눈이 갑자기 밝아졌다(창3:7). 눈이 밝아지자 두 사람은 자신들이 벌거벗고 있음을 알게 되었고 그것을 부끄럽다고 여겼다. 그래서 둘은 무화과나무 잎을 엮어 치마를 만들어 입었다(창3:7).

'눈이 밝아졌다'는 말은 무슨 뜻일까? 선악과를 먹기 전엔 눈이 어두웠다는 것일까? 히브리어 원문에는 이에 해당하는 단어로 '파카흐'가 쓰였는데, 일반적으로 이는 '눈을 뜨다' '맹인이 시력을 회복하다'는 뜻이지만 특별히 '인간의 눈에는 보이지 않은 것들을 볼 수 있게 하다'는 뜻으로 쓰이기도 한다. 가령, 창 21:19의 "하나님이 하갈의 눈을 밝히셨다"고 할 때 이단어가 사용되었는데 사막에서 목이 말라 죽을 지경이었던 하갈의 눈에 갑자기 샘물이 목격되었다고 성경은 전한다. 조금 전까지만 해도 아무 것도 보이지 않던 하갈의 눈에 샘물이 보였다는 것은 하나님의 개입이 있었다고 말할 수 있다. 그러나 선악과 사건의 경우에 '눈이 밝아졌다'는 것은 좀 다른 경우다. 벌거벗음에도 부끄러움을 몰랐던 순수했던 시력이 사라지고 부끄러움을 알게 되었다는 차원에서 눈이 밝아진 것이므로 결국 이 눈은 원래의 순수한 눈이 아니라 타락한 눈이 되었다는 뜻일 것이다.

범죄 후, 하나님이 두 사람을 찾으셨다. 아니, 정확히는 아담을 찾으셨다. 그러자 아담은 "내가 벗었으므로 부끄러워 숨었다"(창3:10)고 대답했다. 이에 하나님은 누가 너의 벗었음을 네게 알렸느냐?"(3:11)고 재차 추궁했다. 순간, 아담의 머리가 상당히 복잡하게 돌아간 듯 싶다. 하나님의 음성을 들으니 이게 보통 일이 아님을 직감했을 것이다. 아담의 머리는 빠르게 계산하기 시작했다. 이 일에 대해 잘못 대답했다간 자신만 큰 낭패를 당할 것 같은 느낌이 온 몸을 덮쳤다. 그도 그럴 것이 솔직히 아담의 입장에서는 억울한 면이 있긴 하였다. 선악과 열매를 따 먹은 사람은 자신이 아니라 아내인 하와다. 자신은 아내가 주는 열매를 얻어먹었을 뿐이었다. 물론 그에게도 욕심이 없었다고 말할 수는 없지만 아담은 일단 이렇게 변명을 했다.

"아담이 이르되 하나님이 주셔서 나와 함께 있게 하신 여자 그가 그 나무 열매를 내게 주므로 내가 먹었나이다"(창3:12)

아담은 즉시 아내를 지목하며 자신의 행위를 변명했다. 사랑보다 자기보호를 우선 선택한 것이다. 결국 인간에겐 최종적인 신의나 희생 등은 없다. 이것은 인간은 완전한 이타주의자가 되지 못한다는 뜻이다. 자기를 지키고 유익하게 하는 일 앞에 사랑 타령은 뒤로 밀리고 만다. 제아무리 서로 극찬의 고백을 하고 함께 하겠다고 다짐을 한들 결정적인 순간에는 서로 등을 돌린다. 아담이 하와를 바라보며 바통을 넘기자 하나님은 이번엔 하와를 쳐다보시며 "네가 어찌하여 이렇게 하였느냐?"며 물으셨다. 그러자 하와도 변명부터 했다. 남편에게 배운 그대로다.

"여자가 이르되 뱀이 나를 꾀므로 내가 먹었나이다"(창3:13)

변명은 자기합리화이자 자기보호본능에 속한다. 심리학에선 이를 '자기방어기제'라 한다. '처녀가 애를 낳아도 할 말이 있다'는 속담은 누구든지 자신의 행위에 대해 나름대로의 이유를 가지고 있다는 것을 반증한다. 그러나 하나님은 변명을 듣지 않으셨다. 두 사람의 변명에 대한 언급은 삭제되었다.

그렇다면 하나님은 왜 두 사람에게 질문을 했을까? 선악과를 따 먹었으므로 약속대로 아담과 하와를 그 자리에서 죽이면 될 일이었는데 말이다. 한 가지 우리가 유념해야 할 것은 하나님은 결코 서두르지 않으시는 분이라는 것이다. 하나님은 성급하게 일을 처리하지 않으신다. 어떤 문제가 발생하면 그 문제의 원인부터 짚어 가시는 분이시다. 하나님은 최고의 수사관이시다. 범죄한 두 사람을 취조하는 것은 무엇보다 죄의 원인, 즉 최초의 범죄자가 누구인가를 반드시 밝히고자 하시는 하나님의 의중이 엿보이는 대목이다. 하나님은 아담과 하와를 향한 질문을 통해 죄의 시작을 캐고 있었다. 모든 일에는 시작이 있고 원인이 있다.

죄의 심판

결국 하나님이 찾아내신 것은 뱀이다. 그는 최초의 범죄자였다. 여기서 중요한 것은 명백한 범죄자에겐 질문도 필요 없다는 것이다. 하나님은 뱀에게는 한 마디도 묻지 않으셨다. 하나님은 곧장 뱀에게 판결문을 선포하셨다.

"여호와 하나님이 뱀에게 이르시되 네가 이렇게 하였으니 네가 모든 가축과 들의 모든 짐승보다 더욱 저주를 받아 배로 다니고

살아 있는 동안 흙을 먹을지니라"(창3:14)

불행히 아담과 하와는 뱀이 기획한 범죄의 공범이었다. 형법은 공범도 처벌받음을 명시하고 있다. 그래서 하나님은 공명정대한 입장에서 판결문을 작성하시고 하와와 아담에게 범죄의 순서대로 벌을 내리신다.

"또 여자에게 이르시되 내가 네게 임신하는 고통을 크게 더하리니 네가 수고하고 자식을 낳을 것이며 너는 남편을 원하고 남편은 너를 다스릴 것이니라 하시고, 아담에게 이르시되 네가 네 아내의 말을 듣고 내게 네게 먹지 말라 한 나무의 열매를 먹었은즉 땅은 너로 말미암아 저주를 받고 너는 네 평생에 수고하여야 그 소산을 먹으리라"(창3:16-17)

인류 최초의 재판은 이렇게 하여 끝이 났다. 재판에는 범죄 사실이 있고 재판장과 피고인이 있으며, 판결의 내용이 적시되었다. 그런데 조금 의아스러운 점이 있다. 하나님은 분명히 창2:17에서 "선악과를 먹으면 반드시 죽는다"고 선언하셨다. 그럼에도 아담과 하와를 죽이지 않으시고 다른 벌을 내리셨다. 두 사람의 목숨은 끝나지 않았다. 그러나 이것은 표피적인 지식이다. 두 사람은 하나님의 판결과 함께 즉시 죽었다. 이후 역사에서 이 죽음의 실체가 드러나지만 여기서 말하는 죽음은 영적 죽음을 일컫는다. 알다시피 죽음에는 육신의 죽음만 있는 것이 아니다. 즉 범죄의 대가로 당장 육신의 생명은 끝나지 않는다 해도 영혼은 병들어 죽음을 맞이했다는 것을 뜻한다. 하나님의 형벌을 받은 아담과 하와는 이후로 육신으로는 살아 있으나 영적인 생명은 죽은 것이다. 그래서 바울은 이 죽음의 상태에 대해 "살아 있으나 죽은 자"라고 표현했다.

이 부분에 대해 헤르만 바빙크(Herman Bavinck, 1854~1921)의 의견은 매우 유념하고 들을 필요가 있다. 그는 네덜란드를 대표하는 개혁주의 교의학자로 탁월한 연구 업적을 남겼다. 그의 〈개혁교의학〉 3권(박태현 역, 부흥과 개혁사)은 '죄'에 대한 이야기로 시작한다. 그 분량만 200페이지가 넘는다.

"하나님이 창세기 2장 17절에서 거짓말을 했다고 반대를 제기할 수 없다. 그 구절에는 오직 죄가 받아 마땅한 참되고, 완전한 형벌만 선언되었다. 죄는 하나님과의 교제를 깨트린 것으로 영적인 죽음이며 죽어 마땅하다. 그 형벌이 완화되고 연기되고 심지어 면제되기조차 한 것은 일의 성격상 범죄 이전에 알려질 수 없는 것이었다. 그러므로 하나님은 창세기 2장 17절에서 죄의 오직 단 한 가지 큰 형벌, 즉 죽음만을 언급했다. 결국 죽음과 더불어 모든 것, 삶, 즐거움, 발전, 노동, 또한 회개와 용서의 가능성, 하나님과의 교제 회복의 가능성도 즉시 끝나게 된다. 죄는 다름 아닌 완전한 죽음 전체를 받아 마땅하다.(중략) 그럼에도 불구하고 하나님이 자신의 위협을 즉시 그리고 완전히 시행하지 않으며, 하나님이 여전히 인류와 세상에 대한 다른 계획을 갖고 있으며, 따라서 이것들은 하나님의 참으심과 은혜 가운데 존재한다는 것을 전제한다"(3권 194p.)

나아가 정말로 경악스러운 것은 이 최초의 재판은 당해 사건의 종결로 마감되는 것이 아니었다는 것이다. 이 범죄와 재판의 결과, 아담과 하와의 후손은 영원토록 원죄의 굴레 속에서 태어나고 살아야 하며 죽음을 맞이해야 한다는 것이다. 사도 바울의 진술이 이를 잘 설명한다.

"그러므로 한 사람으로 말미암아 죄가 세상에 들어오고 죄로 말미암아 사망이 들어왔나니 이와 같이 모든 사람이 죄를 지었으므로 사망이 모든 사람에게 이르렀느니라"(롬5:12)

신학적으로 '원죄'(Original Sin)는 많은 문제를 야기시켰다. 바빙크의 의견을 더 들어본다.

"세상이 창조되자마자 죄가 침투했다. 죄는 피조세계 전체를 파괴하며, 그 의를 죄책으로, 그 거룩을 부정으로, 그 영광을 수치로, 그 복됨을 비참으로, 그 조화를 무질서로, 그 생명을 죽음으로, 그 빛을 어두움으로 바꾸었다"(3권 25p.)

"죄의 기원에 대해 성경은 언제나 피조물을 지적한다. 그와는 정반대로 특별계시에 의하면 죄의 가능성을 창조했던 분은 하나님이시다. 하나님은 인간을 타락할 수 있는 존재로 지었을 뿐만 아니라, 또한 에덴동산 가운데 선악을 아는 나무도 두어, 인간에게 도덕적 선택을 시험하는 계명을 두었는데, 이 선택의 결정은 인간과 인간의 후손들에게 심지어 뱀이 여자를 유혹하는 것까지도 허락했다. 인간을 단 번의 권능의 행위를 통해 죄와 죽음의 가능성을 초월하도록 하기보다는 오히려 자유라는 위험한 길을 걸어가도록 한 것은 하나님의 뜻이었다."(3권 26p)

"아담의 죄는 결코 사소한 것이 될 수 없다. 그것은 모든 관계들의 근본적인 역전, 피조물이 하나님으로부터 따로 떨어져 나와 하나님에 대항하는 혁명, 반란, 가장 실제적인 의미의 타락이 틀림없는 것으로, 세상 전체를 결정짓고 세상을 하나님에게서 멀리 떨어진 방향과 길로 인도하여 사악함과 부패로 향하게 한 '형언할 수 없이 큰 죄'였다"

　어쨌든 아담과 하와의 범죄로 인해 그의 후손인 모든 인류는 원죄를 안고 태어나게 되는 운명에 처해졌다. 이 원죄로 인해 모든 인간은 전적으로 타락해 졌으며 전적으로 부패했고, 전적으로 무능한 존재가 되었다. 도무지 하나님을 향한 선을 행하지 못하는 존재가 되었다. 영원히 하나님과 분리되었고 결국 영원한 멸망으로 치닫게 되었다. 인간에게 있어서 이보다 더 불행하고 슬픈 운명이 어디 있는가. 그런데 이 어마어마한 불행의 원인이 에덴동산에 살았던 최초의 남녀이자 부부였던 아담과 하와의 단순무지와 순간의 욕정을 절제하지 못한 일탈과 알량한 사랑 타령(?)으로 인해 일어났다는 사실에 그저 벌린 입을 다물지 못할 뿐이다.

죄 있는 곳에 십자가가 있다.

바람의 손

바람이 낡아빠진 머리카락 위에 앉았는가 싶더니
조금씩 머리카락을 뽑아 간다.

바람에 손이 있다.
손이 닿은 곳에 손길이 생긴다.
부드럽다가 때론, 강렬한 것.
바람의 손길이 정처 없어 흔들린다.

인생은 바람과 함께 살며 바람이 만들어내는 세월 속에서 곰 삭
였다.
인생은 바람 따라 가고 바람 따라 오고, 세월의 바람 안에 갇혔
다.
결국 인생은 바람의 손이 가리키는 것에 따라 움직였다.

그런데 그 바람은 하늘에서부터 오는 것인 줄
예전에 왜 몰랐을까?

바람 따라 아침에 출발한 세월은
다음날 아침에도 돌아올 줄 모른다.

주님, 이 덧없는 인생에게 역풍을 불어넣으시어
제자리로 돌아오게 하소서.

두 번째 죄,

살인

두 번째 죄,

살인

"그들은 평강의 길을 알지 못하며 그들이 행하는 곳에는 정의가
없으며 굽은 길을 스스로 만드나니 무릇 이 길을 밟는 자는 평강
을 알지 못하느니라"(사59:7-8)

죄는 길을 가진다. 죄는 스스로 만든 그 길을 쉬지 않고 걷는
다. 죄는 부지런하다. 그런데 그 부지런함으로 죄는 선을 만들
지 않고 악을 만든다. 가장 위험한 행보는 악으로의 열심이다.
하나님의 뜻대로 살기 위한 열심이 아니라 하나님의 뜻을 어
기는 방향으로의 열심이다. 죄는 언제나 하나님의 얼굴을 마
주보지 못하고 등진다. 그래서 죄인은 드러나기를 싫어하여
숨는다. 곧은길을 걷지 못하고 늘 샛길로 걷는다. 빛을 기피하
고 어둠속에 거주한다. 그래서 이사야 선지자는 죄의 길에는
세 가지가 없다고 증언한다.

죄의 길

첫째, 평강(샬롬)이 없다. 하나님의 나라는 평강의 나라이다. 평강에는 근심과 염려와 의심과 비난과 대적함이 없다. 평강의 세계에는 위로와 격려와 화평과 자비와 사랑이 지배한다. 평강은 사랑이신 하나님의 얼굴이다. 하나님은 평강의 얼굴로 순결한 당신의 자녀들을 맞으신다. 그러나 죄를 품은 자녀들은 하나님의 평강의 얼굴을 기대할 수 없다. 죄와 평강은 서로 상치된다.

둘째, 죄의 길에는 정의(미쉬파트)가 없다. 히브리어 '미쉬파트'는 법정 용어다. 재판관이 내리는 판결이나 선고를 뜻한다. 한 번 결정된 판결문은 바꿀 수 없다. 하나님의 판결은 영원한 효력을 가진다. 죄인이었던 자를 의로운 자라 인정하고 칭한다 하여 부르는 '칭의'(justification)의 판결은 결코 유보적이거나 예약된 상태가 아니라 완전하고 영원한 효력을 지닌다. 즉, 하나님에 의해 한 번 의롭다 인정함을 받은 죄인은 영원히 의로운 신분을 가진다. 그러나 죄인에게는 이 선고가 주어지지 않는다. 하나님의 정의가 적용되지 않는다. 그러므로 죄인의 삶에는 정의가 존재치 않는다. 의로움이 주어지지 않는다. 의롭다고 칭하고 인정해 주는 미쉬파트가 없다. 정의가 없다는 것은 모든 것이 악이라는 의미다. 곧 죄는 악의 길을 걸으며 또 다른 길동무인 악을 부르고 더 강한 악으로 성장하여 결국 지옥의 유황불 못으로 뛰어든다. 이것이 정의가 없는 삶의 종착역이다.

셋째, 사람의 길에는 곧음이 없다. 굽은 길이다. 그러나 하늘로 가는 길은 직선도로다. 빛은 곡선으로 비추지 않는다. 그런데 본문에 사용된 히브리어 단어는 '아카쉬'로 그 뜻은 '속이다' '왜곡하다'이다. 왜 속인다는 뜻을 가진 단어를 선조들은 '굽다'라고 했을까? 아마 추측컨대, 일직선의 길에선 숨을 곳이 없지만 구불구불한 길에는 복병이 숨을 수 있다. 복병은 적군을 속이기 위해 잠복한 비밀병기다. 잠언에서는 간교한 여인이 지혜 없는 자를 이렇게 유혹한다고 말씀하고 있다.

"그 때에 기생의 옷을 입은 간교한 여인이 그를 맞으니, 이 여인은 떠들며 완악하며 그의 발이 집에 머물지 아니하여, 어떤 때에는 거리, 어떤 때에는 광장 또 모퉁이마다 서서 사람을 기다리느니라"(7:10-12)

죄는 늘 굽은 길의 모퉁이에 숨어 하나님의 자녀들을 넘어뜨리기 위해 복병이 되어 숨어 있다. 틈만 나면 유혹하고 공격하려고 벼른다. 잠시 허점을 보이면 여지없이 덤벼든다. 그래서 죄의 길은 굽은 길이라 했나보다.

가인의 길

성경에는 아담 이후 죄의 길에 들어선 또 다른 인물의 이야기가 소개된다.

"아담이 그의 아내 하와와 동침하매 하와가 임신하여 가인을 낳고 이르되 내가 여호와로 말미암아 득남하였다 하니라. 그가 또 가인의 아우 아벨을 낳았는데 아벨은 양 치는 자였고 가인은 농사하는 자였더라. 세월이 지난 후에 가인은 땅의 소산으로 제물을 삼아 여호와께 드렸고, 아벨은 자기도 양의 첫 새끼와 그 기름으로 드렸더니 여호와께서 아벨과 그의 제물은 받으셨으나, 가인과 그의 제물은 받지 아니하신지라. 가인이 몹시 분하여 안색이 변하니, 여호와께서 가인에게 이르시되 네가 분하여 함은 어찌됨이며 안색이 변함은 어찌 됨이냐. 네가 선을 행하면 어찌 낯을 들지 못하겠느냐. 선을 행하지 아니하면 죄가 문 앞에 엎드려 있느니라. 죄가 너를 원하나 너는 죄를 다스릴지라. 가인이 그의 아우 아벨에게 말하고 그들이 들에 있을 때에 가인이 그의 아우 아벨을 쳐 죽이니라"(창4:1-8)

창세기는 인간의 의로운 이야기보다 인간의 범죄 이야기로 가득하다. 세속가들은 이런 창세기 이야기를 두고 좋은 기분이 들지 않는다고 말한다. 인간에 대해 긍정적인 관점을 가진 철학가들은 인간을 선한 존재로 본다. 인간에 대한 낙관주의는 인간은 스스로 선악을 구별할 줄 아는 도덕적 존재로서 자의적으로 얼마든지 자신의 생을 선택하고 보편적인 도덕률을 만들어 낼 수 있다고 주장한다. 물론 포스트모더니즘(postmodernism) 사상가들은 보편적인 진리마저 부정한다.

그러나 성경은 인간의 본질이 죄악으로 인하여 부패하고 전적으로 타락한 존재라고 선언한다. 사도 바울은 의로운 인간은 없다고 선언한다.

"그러면 어떠하냐 우리는 나으냐 결코 아니라 유대인이나 헬라인이나 다 죄 아래에 있다고 우리가 이미 선언하였느니라. 기록된바 의인은 없나니 하나도 없으며, 깨닫는 자도 없고 하나님을

찾는 자도 없고, 다 치우쳐 함께 무익하게 되고 선을 행하는 자는 없나니 하나도 없도다"(롬3:9-12)

왜 바울은 의로운 인간이 없다고 하는가? 가장 중요한 이유를 이렇게 설명한다.

"하나님을 알되 하나님을 영화롭게도 아니하며 감사하지도 아니하고 오히려 그 생각이 허망하여지며 미련한 마음이 어두워졌나니, 스스로 지혜 있다 하나 어리석게 되어, 썩어지지 아니하는 하나님의 영광을 썩어질 사람과 새와 짐승과 기어 다니는 동물 모양의 우상으로 바꾸었느니라"(롬1:21-23)

곧 인간의 불의는 하나님을 알면서도 하나님을 인정하지 않는 인간의 마음에서 비롯된다는 것이다. 그 결과 인간은 어떤 존재가 되었는가? 바울의 진술을 더 들어보자.

"또한 그들이 마음에 하나님 두기를 싫어하매 하나님께서 그들을 그 상실한 마음대로 내버려 두사 합당하지 못한 일을 하게 하셨으니, 곧 모든 불의, 추악, 탐욕, 악의가 가득한 자요 시기, 살인, 분쟁, 사기, 악독이 가득한 자요, 수군수군하는 자요, 비방하는 자요, 하나님께서 미워하시는 자요, 능욕하는 자요, 교만한 자요, 배약하는 자요, 무정한 자요, 무자비한 자라"(롬1:28-31)

그런데 이 모든 불의의 시작이 아담의 죄로부터 비롯되었다는 사실을 아는가? 아담의 한 사람의 불순종으로 죄가 세상에 들어오고 이 죄가 결국 사망이라는 결과를 낳았다는 진술을 들어보았는가? 나아가 아담으로 인하여 아담의 후손들에게도 자동적으로 사망의 벌을 받는다는 것을 인정하는가?

"그러므로 한 사람으로 말미암아 죄가 세상에 들어오고 죄로 말미암아 사망이 들어왔나니 이와 같이 모든 사람이 죄를 지었으므로 사망이 모든 사람에게 이르렀느니라"(롬5:12)

"그러나 아담으로부터 모세까지 아담의 범죄와 같은 죄를 짓지 아니한 자들까지도 사망이 왕 노릇하였나니 아담은 오실 자의 모형이라"(롬5:14)

이쯤 되면 죄의 번식력은 어마어마한 것이다. 무서운 것이다. 죄는 죄만 낳는 것이 아니라 사망을 낳았으므로 무시무시한 것이다. 죄의 영향력은 모든 사람의 생명을 앗아가는 것이다. 죄에 걸리면 한 사람도 살아나가지 못한다.

또 죄는 대물림이다. 죄는 유업이 되어 자손과 후손에게 그대로 전수되는 것이다. 설령 모양은 다르다 해도 죄의 본질은 같은 속성으로 파생된다. 이 모든 죄는 아담의 죄, 곧 원죄(original sin)에서 비롯되었다.

아담은 가인을 낳았고 아벨을 낳았다. 이것을 다르게 표현하면 아담의 죄는 가인에게 이어졌고 아벨에게도 이어졌다는 뜻이다. 죄가 유업으로 이어졌다는 것은 아담도 죽고 가인도 죽고 아벨도 죽는다는 뜻이다. 아담의 모든 후손은 사망을 유업으로 이어받았다는 것이다. 천국에서 만나게 될 아담 할아버지에게 따질 것이다. 참 좋은 유업을 물려주셔서 감사하다고 인사할 수는 없지 않은가? 죄를 지어도 남자답게 배포 있게 우주를 구하다가, 혹은 지구를 구하다가 지은 죄도 아니고 딸랑 마누라 성화에 이기지 못하여 하나님과의 약속을 위반하고 하나님의 명령을 따르지 못했다고 하는 것은 너무 심한 이야기가 아닌가? 왜냐하면 아담의 죄의 결과가 도저히 상상할 수 없는 극심한 결과를 낳았기 때문이다.

어쨌든 아담이 낳은 가인에게로 가 보자. 모든 존재에게 이름이 주어진 것은 이름에 존재의 목적이 담겨 있기 때문이다. 그러므로 이름을 아무 생각 없이 짓거나 유교식 돌림자로 짓거나 부르게 좋게만 짓는 등의 행위는 하나님의 뜻을 고려치 않는 인본적인 발상일 수 있다는 점을 유념해야 한다. 성경에서 사람의 이름(히/쉠, 헬/오노마)은 그 이름을 소유한 사람의 기본적 성격이나 소명의 목적을 내포하고 있다. 따라서 한 사람의 이름을 안다는 것은 그 사람의 존재 자체를 아는 것을 의미한다. 그러므로 이름의 뜻을 아는 것은 그 사람의 존재에 대한 기초적인 정보를 인지하는 일이다.

때로 하나님은 특별한 임무를 부여하는 사람을 위해서 원래 이름을 바꾸어 새로운 이름을 부여하기도 하신다. 아브람은 소명 후 아브라함으로 개명되었고, 야곱은 이스라엘로, 시몬은 베드로로, 사울은 바울로 바꾸어졌다. 하나님은 이름의 변경과 함께 이들에게 새로운 사명을 주셨다. 아브라함은 모든 믿는 자의 아비가 되라는 뜻을 담으셨고, 야곱은 이스라엘이라는 하나님의 국가와 민족의 대표자가 된다는 뜻이 내포되었으며, 베드로는 교회의 기초요 반석이 되는 신앙고백의 주인공이 되는 사명이 주어졌고, 바울에게는 세상에서는 작은 자이지만 오히려 하나님의 나라에선 큰 자가 되라는 하나님의 뜻이 담겨졌다.

그런데 이름의 뜻이 정확하지 않은 사람들이 종종 성경에 등장한다. 가인(카인)이 그 대표적인 경우이다. 일부 학자들은 하와가 가인을 낳은 후 "내가 여호와로 말미암아 득남하였다"는 구절을 근거로 '얻었다'는 뜻의 히브리어 '카나'에서 가인의 이름이 유래한 것으로 추정하지만 확실한 근거는 되지 못한다. 다만 가인에 대한 평가는 그의 행적을 통해 생성되었다. 이후 가인은 '인류 최초의 살인자'라는 오명을 가진 악인의 대명사가 되었고, 하나님으로부터 버림받은 '최초의 유기자'의 대명사가 되었다.

아담은 또 가인의 동생인 아벨을 낳았다. 아벨 역시 이름에 대한 자세한 설명이 없다. 다만 그가 형에 의해 허무하게 생을 마쳤다는 점에서 히브리어 일반명사인 '헤벨'(숨, 허무함 등)을 연상되기도 하고, 일부 학자들은 '아들'을 뜻하는 아카드어 '압플루'(ab-plu)와 연관이 있다고 주장한다. 어떤 것이든 아벨은 비운의 주인공이 된 셈이다.

아담과 하와는 가인과 아벨 두 자식과 함께 한 동안 행복하게 살았을 것이다. 가인은 장남으로서 당시 주산업이었던 농사짓는 자로 택함을 받아 에덴동산 밖 어딘가에서 생업을 가꾸며 살았을 것이고, 아벨은 양 치는 자로 지목 받아 넓고 기름진 초원에서 양 치는 자가 되어 살았을 것이다.

그런데 창4:4-5의 보도에 따르면, 여호와께서 아벨의 제사, 즉 양의 첫 새끼와 그 기름으로 드린 제사는 기쁘게 받으신 반면에 가인의 제사와 제물은 받지 아니하셨다. 물론 그 이유에 대해서 성경은 구체적으로 설명하지 않는다. 성경의 침묵은 때로 인간의 많은 호기심과 상상력을 자극한다. 구약학자 모티어(Motyer)는 이 이유에 대해 "여호와 앞에 나올 때엔 반드시 피의 제물을 가지고 나와야 한다는 것을 하나님은 이미 창3:21에서 계시했음에도 가인은 피의 제물을 가지고 나오지 않았다"고 말하면서 "히11:4의 말씀(믿음으로 아벨은 가인보다 더 나은 제사를 하나님께 드렸다)는 구절에 근거하여, 먼저 하나님의 말씀이 없었다면 어떻게 믿음이나 순종이 발생하는가?"라고 반문한다.

즉, 가인은 하나님이 제정하신 제사법의 명령을 지키지 아니하고 자기 방식으로 제사를 드린 반면에 아벨은 하나님이 미리 계시하시고 제정하신 방식대로 양의 첫 새끼를 제물로 잡아 그 기름과 함께 드렸다는 것이다. 그래서 하나님은 가인의 것은 열납하지 않고 아벨의 제물과 제사를 열납하셨다는 것이다. 이를 히브리서 기자의 관점에서 보면 하나님의 기뻐하시는 제사의 절대적 조건은 오직 '믿음'이라고 정리된다.

그러나 "아벨과 그 제물, 그리고 가인과 그 제물"이라는 표현에서 살필 수 있듯이, 하나님은 제물과 더불어 제사 드리는 자의 인격을 함께 보신 것으로 말할 수 있다. 혹자는 제물의 차이를 말하기도 하지만 하나님은 두 형제의 내면의 동기와 태도를 더 중시했다는 것을 알 수 있다. 여호와는 인간의 외면이 아니라 마음의 중심을 살피시는 분이시다.

"여호와께서 사무엘에게 이르시되 그의 용모와 키를 보지 말라 내가 이미 그를 버렸노라 내가 보는 것은 사람과 같지 아니하니 사람은 외모를 보거니와 나 여호와는 중심을 보느니라 하시더라"(삼상16:7)

사람의 내면은 행위의 동기를 제공한다. 한 사람의 내면은 본인의 생각이나 의지와 관계없이 본질적으로 두 가지 다른 성질로 나누어진다. 어떤 이는 악한 본성을, 어떤 이는 선한 본성을 가지고 탄생한다. 가인은 악한 본성을 가진 인간을 대표한다. 마음의 중심이 악하기에 가인은 선을 행할 수 없었다. 이 사실을 창세기는 이렇게 증거한다.

"네가 선을 행하면 어찌 낯을 들지 못하겠느냐 선을 행하지 아니하면 죄가 문 앞에 엎드려 있느니라 죄가 너를 원하나 너는 죄를 다스릴지라"(창4:7)

이제껏 아무 문제없이 잘 살아왔던 가인의 인생에 갑자기 소용돌이가 발생했다. 인류 최초의 2세대 인물로서 아담과 하와의 지극한 보살핌과 애정 속에서 부모의 유업을 이을 자로 기대를 한 몸에 받으며 자랐을 가인이 처음으로 거절을 당한 것이다. 그것도 육신의 부모가 아니라 창조주 하나님으로부터 자신의 정성과 행위가 인정받지 못하고 팽개쳐 진 것이다. 아마 가인은 아버지 아담과 하나님이 늘 동산을 거닐며 대화하고 교제를 나누는 것을 보고 자랐을 것이다. 자상한 아버지 아담은 가인을 데리고 다니며 자신이 직접 붙여준 이름의 의미들을 설명하면서 아들을 즐거워하였을 것이다.

하와의 입장은 어떤 것일까? 하와는 자기 배로 낳은 아이가 세상 그 무엇과 비견치 못할 만큼 소중하고 사랑스러워 어쩔 줄 몰라 했을 것이다. 이것이 모성애다. 모성애는 무조건적인 애정이며 소유욕이자 집착이다. 가인을 낳기 전까지 하와는 모성애가 무엇인지 몰랐을 것이다. 그러나 가인으로 인하여 하와는 아들에 대한 애정, 즉 모성애를 가지게 되었다. 그런데 성경의 역사와 인류의 역사에서 이 모성애는 시종일관 하나님의 뜻을 거역하는 주된 요인으로 등장한다. 아마 이 모성애 자체가 하와에게 내린 하나님의 징벌은 아닐까? 인류의 역사에서 절대 다수의 어머니들이 자식에 대한 잘못된 모성애로 하나님을 등지고 살지 않는가? 하나님보다 자식에 대한 애착을 우선시하는 모성애라면 그것은 하나님의 징벌에 의한 결과인지도 모른다. 물론 자식에 대한 지극한 사랑의 마음을 통해 인간은 하나님의 사랑을 경험한다. 이런 점에서 참된 자식 사랑과 잘못된 애착은 동시에 주어진 하나님의 이중은혜의 하나로 볼 수 있을 것이다.

아무튼 하와는 범죄의 대가로 임신하는 고통을 받게 되었다. 그 고통의 결과로 얻은 자식의 존재는 하와, 즉 여자로 하여금 하나님의 소유물이 아니라 자기 소유물로 착각하도록 만든다. 그것이 하나님의 저주요 징벌일 수 있다. 다시 말해, 하나님이 이 땅의 모든 여자들에게 내린 형벌의 내용은 좀 더 고차

원적이다. 즉, 자식을 낳게 함으로 그 낳은 자식을 자기 소유로 생각하도록 함과 동시에 그 집착과 애정으로 여자로 하여금 하나님보다 자식에게 더 매달리도록 하신 것 자체가 하나님이 의도하신 벌이라는 것이다. 하나님의 의도와 뜻은 기묘하여 인간의 영역에서 판단할 수 없는 것이다.

가인과 아벨은 인류 최초의 자식들이며 최초의 형제다. 두 아들(물론 성경에는 구속사와 관련된 자녀들의 이름과 족보만 기록되었으므로 두 아들 외에 다른 딸들도 있었는지는 아무도 모른다.)은 범죄 후 위축되었던 아담과 하와의 삶에 다시 찾아 온 위로요 긍지요 보람이었을 것이다.

그러나 죄의 길에 들어선 죄인의 삶이 어찌 평탄할 수 있겠는가? 구불구불하고 낭떠러지 길 같이 위험한 죄의 길에 어찌 평강이 있겠는가? 아니나 다를까 드디어 사건이 벌어졌다. 두 아들의 제사 중 가인의 제사가 하나님께 드려지지 못하고 거절당한 것이었다. 순간, 평탄하던 가인의 얼굴이 너무 분하여 심하게 벌개 홍당무가 되었다. 완전히 자존심이 상해 버린 것이다. 성경은 이를 두고 '안색이 변하였다'(창4:5)고 하고 있다. '안색'은 '얼굴'(파님)이고 '변하다'는 '나팔'이라는 단어가 쓰였는데 이는 '추락하다' '완전히 슬픈 얼굴로 변하다'는 뜻을 가진 단어이다. 가인의 자존심이 얼마나 상하였으면 가인의 얼굴이 이렇게 변하였겠는가?

인간에겐 자존심(pride)이라는 것이 있다. 자존심은 남에게 자신을 굽히지 않는 성질이다. 자신의 가치와 능력과 위치와 신분을 인정받으려 한다. 자존심이 낮다는 것은 쉽게 당혹하고 부끄러워하고 귀가 얇아 남의 말을 잘 듣고 순응한다. 타인과 비교하여 자기를 비하하고 열등감을 가지며 산다. 반면에 자존심이 강하면 자기를 지나치게 과대평가하고 허영심을 갖는다. 그런데 자존심과 자존감은 밀접한 관계를 가진다. 조사 결과 자존감(self esteem)이 낮은 사람이 오히려 자존심이 높은 것으로 나타났다. 자존심에는 자신에 대한 허영심을 바탕에 깔고 있기에 실제로 자존감이 낮다. 자존감이 낮은 사람은 자신의 내면을 위장하고 밖으로 강하게 보이기 위해 자존심을 높이고 다른 사람 위에 군림하고자 권력지향형으로 바뀐다. 자신의 비굴한 처지를 권력을 통해 만회하려는 인간의 나쁜 속성의 발현으로 본다.

정신심리학적으로 볼 때, 가인은 자존심이 매우 강한 사람으로 보인다. 이런 부류의 사람은 자신의 일이 거절되거나 승인

받지 못하는 것을 참지 못한다. 남보다 늘 앞서야 하고 남보다 더 우월한 위치에 서야 하기에 뒤쳐지거나 가로막히는 상황을 견디지 못한다. 대개 이런 사람들이 운전할 때 끼어들기를 자주 하고 추월하고 자신을 가로막는 차량에 대해 경적을 울리며 신경질적인 반응을 보인다. 가인의 경우가 그렇다. 그는 처음으로 거절을 경험했다. 순간, 가인의 자존심이 완전히 구겨지고 말았다. 가인은 자존감이 낮은 사람이었을 것이다.

이런 경우 크게 세 가지 종류의 결과적 행동이 수반된다. 하나는 반성하고 자신을 되돌아본다. 자신의 행위 중 어떤 부분이 잘못된 것인지 꼼꼼히 문제를 분석한다. 그리고 만회를 위해 만반의 준비를 하고 때를 기다린다. 사회학자 리처드 코치의 〈20:80〉 이론에 의하면 통계적으로 20%에 해당하는 이런 부류가 결국 성공하고 나머지 80%를 지배하고 통치한다고 한다. 두 번째 부류는 아예 체념하고 포기하는 경우다. 자기를 부정하는 이 부류는 자존심을 엉뚱한 방향으로 돌려 이용한다. 심할 경우, 자기를 극한적으로 비하하고 자신을 한계 상황으로 끌고 들어가 자신을 괴롭힌다. 물론 이런 행동들의 최종 목적은 다른 사람의 관심을 유발하고 은근히 상대를 괴롭히려는 것에 있다. 그러다 끝내 목적을 이루지 못하면 자해 혹은 자살을 감행한다. 방치하면 굉장히 위험한 결과를 낳을 수 있는 경계 대상이다. 마지막 세 번째는 공격형이다. 거절에 대해 화를 참지 못한다. 자신이 당한 만큼 반드시 앙갚음을 해야 직성이 풀리는 경우에 해당된다. 그런데 거절을 당하고 무시를 당한 대상에게 화풀이 하는 것이 아니라 자신의 상대로 약해 보이거나 약점을 가진 대상에게 실행한다. 가장 악질적인 행동이다.

가인은 세 번째 부류에 속한다. 그는 안색이 변할 만큼 완전히 자존심이 상해 버렸다. 이 모든 원인은 하나님의 명령대로 지키지 못한 자신에게 있음에도 엉뚱하게 앙심을 동생에게 품었다. 이를 모두 간파하신 하나님이 가인에게 물었다.

"여호와께서 가인에게 이르시되 네가 분하여 함은 어찌 됨이며 안색이 변함은 어찌 됨이냐 네가 선을 행하면 어찌 낯을 들지 못하겠느냐 선을 행하지 아니하면 죄가 문에 엎드려 있느니라 죄가 너를 원하나 너는 죄를 다스릴지니라"(창4:6-7)

하나님의 이 말씀의 시기가 매우 중요하다. 하나님은 가인의 범죄 이전에 이 말씀을 주셨다. 가인의 안색이 변함을 보시자 하나님은 이미 가인이 선을 행치 못할 것을 아시고 경고하셨다. 죄는 가인으로 하여금 선을 행하지 못하도록 부추길 것을 하나님은 아시고 가인에게 죄의 유혹에 지지 말고 죄를 다스리라고 타일러 주셨다.

죄에 민감하신 하나님

늘 하나님은 죄악에 대해 민감하게 반응하신다. 하나님은 죄를 미워하신다. 하나님은 인간이 죄로부터 떠날 것을 원하신다. 물론 죄는 인간을 완전히 사로잡고 지배하고 통치한다는 것을 하나님은 아신다. 그럼에도 하나님은 죄에 지지 말고 오히려 죄를 다스리라고 말씀하신다. 죄를 다스리라고 말씀하신 이유는 그렇지 않으면 죄는 계속 증가하기 때문이다. 죄는 쉼 없이 자란다. 사도 바울은 죄의 이 특성을 잘 간파하고 우리에게 이렇게 권면했다.

"그러므로 너희는 죄가 너희 죽을 몸을 지배하지 못하게 하여 몸의 사욕에 순종하지 말고, 또한 너희 지체를 불의의 무기로 죄에게 내주지 말고 오직 너희 자신을 죽은 자 가운데서 다시 살아난 자 같이 하나님께 드리며 너희 지체를 의의 무기로 하나님께

드리라"(롬6:12-13)

그러나 가인은 죄를 다스릴 마음은 추호도 없었다. 이미 가슴엔 복수의 칼을 갈고 있었다. 이런 점에서 인간이 얼마나 무서운 존재인가를 실감한다. 하나님도 두려워하지 않는 존재는 인간 밖에 없다. 하나님을 거역하면 지옥에 간다고 위협(?)해도 이 무시무시한 말을 듣지 않는 존재는 인간밖에 없다. 인간은 무모한 존재다. 죽을 줄 알고 불속으로 뛰어드는 불나방과 같다. 무모한 만큼 인간은 어리석은 존재이기도 하다. 가인에게 선행은 이미 물 건너 가 버렸다.

드디어 운명의 날이 나가왔다. 가인은 동생을 몰래 들판으로 불러내었다. 순진한 아벨은 순순히 형의 말을 듣고 들로 나갔다. 들로 번역된 '사데'는 평상적으로는 '평지' 혹은 '평원'이지만 창23:17이나 47:20, 출9:25 등에서 풀이 무성한 냇가나 호숫가의 초지를 가리키는 단어로 등장한다. 이것은 가인이 아벨을 죽이기 위해 아무도 보지 않는 초지를 택하였다는 것은 철저히 살인을 준비했다는 반증이 된다. 아벨이 좀 영악했더라면 농사를 짓는 형이 갑자기 자신을 논이나 밭이 아니라 이런 곳으로 불러낸 것을 의심해야 했다. 그러나 아벨은 아무런 의심 없이 형에게 갔다가 졸지에 비명횡사를 당하고 말았다.

특별히 이 살인의 사건에 대해 성경은 가인이 아벨을 '쳐 죽였다'고 보도한다. 히브리어 '하라그'는 주로 끔찍한 살해를 묘사할 때 사용된다. 모세는 금송아지를 섬긴 백성들을 죽이라고 레위 자손에게 명령할 때 이 단어를 사용했다(출32:27). 이날 레위 자손의 칼에 죽은 범죄한 이스라엘 백성들의 수가 3천명에 달했다. 삽시간에 시내산 아래의 들판은 피비린내가 진동했다. 또 포로 귀환 후 성전을 재건하려는 유다 사람들의 도모에 대해 산발랏과 도비야 등이 중심이 되어 성을 건축하려던 하나님의 사람들을 '살육했다'고 보도하는데(느 4:11) 이때에도 '하라그'가 등장한다. 그러므로 이 단어는 끔찍한 죽음의 현장을 설명하기 위해 사용되는 단어라고 보아도 무방하다.

이에 비추어 본다면 가인이 저지른 살인의 행위가 매우 끔찍한 일이었다는 것을 유추할 수 있다. 가인은 자신의 동생을 인정사정없이 '쳐 죽였다'. 칼로 죽였는지 농기구를 사용했는지 돌로 쳐 죽였는지 알 수 없으나 무자비하게 죽인 것만은 틀림없다. 얼마나 신속하게 이 일을 행하였는지 성경 기사에는 한

줄의 아벨의 항변이나 반응조차 기록되지 않았다. 가인은 이렇게 잔혹한 사람이었다. 아벨은 죽을 준비조차 하지 못한 채 쳐 죽임을 당했다.

하나님은 이 사태의 전후를 지켜보고 계셨다. 하나님은 이미 사전에 악한 가인의 심적 분노와 악한 의도를 파악하고 계셨지만 진실로 가인이 죄의 길에서 돌이키기를 원하시었다. 그러나 기어이 가인은 죄의 길에서 하나님이 부여하신 생명권을 탈취하는 범죄를 행했다. 이 가인의 범죄는 아담으로부터 기인한 것이지만 아담의 죄를 능가한다는 점에서 죄의 증가를 여실히 증명한다. 죄에도 경중이 있다. 실수로 죄를 짓는 것과 고의적으로, 악한 동기를 가지고 죄를 짓는 것은 동일한 죄가 아니다. 하나님은 각각의 죄를 저울에 달아 심판의 근거로 삼을 것이다.

신학에서 죄는 크게 원죄와 자범죄로 나누어진다. 원죄는 인간의 오염된 자질 또는 상태를 말한다. 모든 인간의 아담 안에서 죄의 전가에 따라 죄책을 가지고 있으며 그 결과 부패하고 타락한 본성을 지니고 태어난다. 이 원죄는 모든 자범죄의 원천이다. 주로 자범죄를 설명할 때 '실제적'(actual)이라는 형

용사를 덧붙여 '실제적 죄'로 설명한다. 루이스 벌콥은 자범죄를 이렇게 설명한다.

"자범죄는 마음속에서 이루어지는 특별한 의식적인 의심이나 악한 계획 또는 마음속에 자리 잡고 있는 특별한 의식적인 욕망이나 탐욕 같은 내적인 자질을 말한다. 그러나 그것은 동시에 속임, 도둑질, 간음, 살인 등과 같은 외적인 행위를 가리키기도 한다"(그의 〈조직신학〉, 크리스찬 다이제스트, 470p)

온 들판에 피비린내가 퍼졌다. 하나님은 가인을 불렀다. 그리고 가인에게 아벨이 어디 있느냐고 물으셨다. 아마 가인에게 동생과 함께 오라고 말씀하신 것으로 보인다. 아벨의 죽음을 아는 상태에서 모르는 것처럼 가장한 채 던지는 이 질문에는 자식을 죽인 범인에게 짐짓 사전 인지를 숨긴 채 내 자식이 어디 있느냐고 질문하는 부모의 심정이 담겨 있다. 자식의 죽음을 통보받고 가슴이 찢어지지 않을 부모가 있는가? 그런데 이 악인의 대답이 무엇인가? 4장 9절 하반부를 보라.

"내가 알지 못하나이다. 내가 내 아우를 지키는 자니이까?"

이 대답을 듣고 무엇을 느끼는가? 차라리 인간이기를 포기한 악인의 낯 두꺼운 모습을 보이지 말았으면 얼마나 더 좋았을까? 그럼에도 성경은 우리가 목격하기 싫은 장면까지 친절하게(?) 소개하고 있다. 이것이 성경이며 하나님의 나라 안에서 벌어진 죄인의 악행과 범죄에 대한 역사기록이다. 성경은 타종교의 경전처럼 거룩하고 유익하고 겉치레로 치장한 화려함과 그럴싸하게 위장한 일리 있는 인간의 교훈들로만 기록된 책이 아니다. 성경은 타락한 죄인의 이야기이다. 죄인은 자신의 죄가 들추어지고 공개화 되는 것을 죽기보다 싫어한다. 그러나 성경은 죄인들의 항변에도 불구하고 범죄와 악행을 낱낱이 놓치지 않고 기록하여 우리에게 전한다. 어떤 경우엔 지나치다 싶을 만큼 구체적으로 까발려 버린다.

하나님의 질문에 가인은 비아냥거렸다. 이런 태도의 이면에는 자신의 악행의 원인이 자신에게 있지 않다는 것을 암시하는 것이다. 가인이 하나님의 질문에 이렇게 삐딱하게 대답한 것은 이 모든 원인과 책임은 자신이 아니라 하나님이 져야 함을 강변하는 것이다. 이런 행동으로 보건대 가인에겐 하나님에 대한 지식이나 믿음이 처음부터 없었다는 증거가 된다. 하나님은 더 이상 가인에게 기대할 것이 없음을 이 대답과 함께 결심하시었다. 가인은 이제 하나님과 관계없는 존재가 되는 순간이 도래했다. 하나님은 가인을 향해 죽음보다 더 참혹한 판결을 내리신다. 이를 두 가지로 정리하면 다음과 같다.

1. 땅에서 저주를 받는다.
2. 땅에서 유리하는 자가 된다.

고대 형법의 원리는 동해보복법이다. "눈에는 눈, 이에는 이"다. 즉, "피 값은 피로 치룬다"는 것이다. 이 법의 원리에 따라 하나님은 땅에서 살아야 할 가인을 심판하기 위해 아벨의 피를 받은 땅으로부터 저주를 받도록 하시었다(11절). 땅이 저주를 받으면 아무리 씨를 뿌려도 열매가 없다는 뜻이 된다. 이로 인해 농사를 주업으로 삼는 가인의 경제적 상황은 치명적인 것이 되었다. 인간의 생존에 있어서 가장 중요한 의식주의 3요소 중 '식'의 부분에 문제가 발생한 것이다. 농사를 지었는데 소출이 없다면 더 이상 땅에서 먹거리를 해결하지 못한다. 이 벌은 한 사람의 삶에서 가장 핵심적인 요소를 제거하신 치명적인 형벌이 된다. 하나님은 가인의 치명적인 강점이자 약점을 정확하게 터치하시었다.

다음으로 주어진 형벌은 인간관계에 대한 처벌이다. "땅에서 유리하는 자가 된다'는 선언은 아무도 가인과 관계를 맺지 못한다는 판결이다. '유리한다'에 해당하는 히브리어 '누드'는 '도망친다'는 뜻이다. 가인은 모든 사람의 현상범이 되어 누구든지 가인을 보면 고발하거나 체포하거나 해를 가할 수 있다는 것이 된다. 한 마디로 가인은 보통 사람들 속에서 일상적인 삶을 살지 못하게 되었다는 뜻이다. 다른 사람을 보면 늘 피해 다니며 살아야 한다는 것이다. 이보다 더한 중벌이 어디에 있을까? 인간은 사회적 동물로서 결코 혼자 살 수 없다. 하나님은 아담이 배필이 없는 것을 안타깝게 여기시고 하와를 지어 좋은 짝이 되게 하셨다. 그러나 가인은 자신을 숨기고 사람을 피해 깊은 산속이나 굴속에서 살아야 한다. 그야말로 가인은 천벌을 받은 것이다.

가인은 하나님으로부터 청천벽력 같은 형벌을 받았다. 그러나 가인은 조금도 반성의 기미마저 보이지 않는다. 되레 가인은 자신의 벌이 너무 무겁다고 항변한다. 자신의 죄벌이 너무 무겁다고 반발한다.

죄를 지으면 죄인은 세 가지 종류의 반응을 보인다.

첫째, 죄상이 명백히 드러날 때까지 끝까지 죄를 부인하고 자기를 보호하려 한다. 베드로는 닭이 울기 전까지 주님을 모른다고 부인했다.

둘째, 자신의 책임을 남에게 전가하고 변명한다. 가인은 아우를 죽여 놓고 "내가 아우를 지키는 자이냐?"고 변명했다.

셋째, 자신의 죄에 비해 벌이 너무 세다고 강변하고 벌을 줄여달라고 조른다. 딸과 모의하고 딸의 친구를 성폭행한 이영학은 자신에게 내려진 형량이 너무 과하다고 진정서를 제출했다 하여 세간을 놀라게 하였다. 가인도 벌이 과하다고 항의했다.

하나님은 가인의 항의에 대해 즉각 응답하시었다. 그러나 이 응답은 매우 이상한 결론이었다. 하나님은 가인이 사람들에 의해 자신의 목숨이 위태롭게 되었다는 말을 듣자 즉시 가인에게 표를 주고 가인을 죽이는 자는 벌을 칠 배나 받을 것이라고 선언했다. 이 표는 식별할 수 있는 일종의 기호(민2;2, 신6:8)와 같은 것이다. 이 표로 말미암아 가인은 살해당하는 위협을 면하게 되었다. 그렇다면 가인은 하나님으로부터 항의가 받아들여져 더 나은 처벌을 받은 것이 된다. 그러나 하나님은 인간의 수준이 아니시다. 하나님의 역사는 인간의 차원을 넘어선다. 정말 가인은 살해를 면한 것만으로 혜택을 받았을까? 결코 아니다. 하나님은 가인의 육체적 생명을 보호하는 대신 그가 영원히 사람들의 눈에 살인자로 인식되어 살도록 조치하신 것이다(물론 이때쯤에 벌써 땅에는 많은 사람들이 살고 있었다는 것을 전제로 한다). 이 조치는 두 가지 양면성을 가진다. 하나는 사람들로 하여금 악한 가인을 직접 벌하는 기회를 차단함으로서 사람들이 하나님 앞에 죄를 짓지 못하도록 하신 것이며, 다른 면에선 가인을 더욱 더 괴롭게 하려는 조치가 된다.

가인의 심판

자세히 살펴보면 하나님의 처벌은 가인과 가인의 식솔들에게는 영원히 지울 수 없는 공포의 표식이 되었다. 하나님은 누구나 가인을 알아볼 수 있도록 이마에(?) 지워지지 않는 표를 새기셨다. 이로 인해 가인은 어디를 가나 자신이 살인자임을 숨길 수가 없게 되었다. 그것은 일종의 추방 명령이었다. 가인은 이제 더 이상 사람들과 섞여 살 수 없게 되었으며, 자신의 식솔 외에 이웃과 교제하며 사는 복은 영원히 상실하게 된 것이다. 그 결과 가인은 에덴 동쪽의 놋 땅으로 이주했다(

창4:16). 놋은 히브리어 '노드'를 음역한 것인데 '방랑' 혹은 '추방'이라는 뜻이다. 아마 놋은 가인의 형벌을 상징적으로 표현한 이름으로 보인다. 이 지명은 오직 성경에만 등장하는 이름이다. 그러나 여기서도 가인의 삶은 불안하기만 한 듯하다.

이렇게 죄는 한 사람의 영혼을 흔든다. 도둑이 제 발 저리고, 죄 지은 사람이 발을 뻗고 살지 못한다는 속담대로 가인은 하나님의 약속에도 불구하고 불안감을 감추지 못하고 혹시 모를 침략에 대비해 인류 최초로 성을 쌓고 살게 된다. 그 성의 이름이 자식의 이름을 따서 지은 '에녹'(하노크)이다.

이후 가인의 가문은 철저히 하나님과 단절된 채 자신들의 핏줄만을 이어가며 유기된 자들의 계보를 이어갔다. 그러나 가인의 계보는 겨우 7대에서 멈추고 말았다(가인-에녹-이랏-므후야엘-므드사엘-라멕-(아다)야발과 유발, (씰라)두발가인과 누이 나아마). 성경은 이후 가인의 계보를 진행시키지 않는다. 버려진 계보는 구속사에 필요한 계보가 아니다. 다만 그들이 왜 버려졌는가에 대한 기록을 남김으로서 유기에 대한 하나님의 정당성을 입증하고자 하는 것은 구속사에 대한 이해를 타당케 하고 높이는 것이다.

교황 명령에 의해 화형 당하는 종교개혁가들

세 번째 죄,

육체의 정욕

세 번째 죄,
육체의 정욕

"사람이 땅 위에 번성하기 시작할 때에 그들에게서 딸들이 나니, 하나님의 아들들이 사람의 딸들의 아름다움을 보고 자기들이 좋아하는 모든 여자를 아내로 삼는지라. 여호와께서 이르시되 나의 영이 영원히 사람과 함께 하지 아니하리니 이는 그들이 육신이 됨이라 그러나 그들의 날은 백이십 년이 되리라 하시니라"(창6:1-3)

사람은 일차적으로 육체(히/바사르, 헬/사르크스)다. 육체의 재료는 흙이다(창2:7). 흙은 물기를 빨아들인다. 물기 없는 흙은 모래덩어리요 먼지일 뿐이다. 물기를 머금은 흙은 찰진 진흙이 되고 황토가 되고 옥토가 된다. 그래서 흙은 물기를 원한다. 그렇듯 육체도 소욕을 가진다. 소욕은 바라는 욕구다. 욕구는 본능적인 것으로 주어졌다. 원래 그 본능은 하나님을 향한 소욕이어야 한다. 하나님은 사람의 육체가 하나님의 성령의 단비로 촉촉이 젖어 성령의 소욕에 이끌리는 몸이 되기를 원하셨다. 그러나 범죄 이후 육체는 오직 정욕의 도구로 전락했다. 육체가 바라는 대로 살게 되었다. 바울의 진술이 이를 잘 설명한다.

"전에는 우리도 다 그 가운데서 우리 육체의 욕심을 따라 지내며 육체와 마음의 원하는 것을 하여 다른 이들과 같이 본질상 진노의 자녀였더니"(엡2:3)

차원이 수준을 결정한다. 낮은 차원의 존재가 높은 수준을 향유할 수 없다. 육체는 육체의 차원을 가진다. 육체는 육체로서의 수준을 가진다. 육체가 하는 일은 오직 육체의 정욕을 만족시키기 위한 모든 시도이다.

"육체의 일은 분명하니 곧 음행과 더러운 것과 호색과, 우상숭배와 주술과 원수 맺는 것과 분쟁과 시기와 분냄과 당 짓는 것과 분열함과 이단과, 투기와 술 취함과 방탕함과 또 그와 같은 것들이라(중략)"(갈5:19-21)

아담 한 사람의 범죄는 이후 태어나는 모든 아담의 후손들을 완전히 망가지게 했다. 지정의라는 완벽한 요소를 가진 하나님의 형상은 심각하게 파괴되었다. 사람이 하나님의 형상을 가졌다는 것은 지적인 능력과 도덕적 순결함, 영적 성품, 지상의 정복, 창조력, 도덕적 선택을 할 수 있는 능력, 불변성을 가졌다는 뜻이 된다. 이 형상은 이후 인간에게 그대로 전수되어 모든 인류의 보편적인 가치와 능력으로 이어진다. 아담이 낳은 세 번째 아들 셋은 아담의 형상을 물려받았다.

"아담은 백삼십 세에 자기의 모양 곧 자기의 형상과 같은 아들을 낳아 이름을 셋이라 하였고"(창5:3)

인간이 하나님의 형상으로 지음을 받았다는 것은 인간이 다른 동물들과는 달리 육적인 존재인 동시에 영적인 속성을 소유한 복합적 존재임을 의미한다. 이 영적 요소가 인간을 다른 피조물과 다른 차원과 수준의 존재로 자리 잡게 한 것이다.

하나님을 닮다

그렇다면 인간에게 부여된 영적인 요소는 무엇인가? 영적인 요소라 함은 한 마디로 하나님을 닮은 부분을 말한다. 하나님으로부터 물려받은 여러 영적인 속성들이 있다. 웨인 그루뎀은 이것을 다섯 가지 측면에서 다룬다. 이를 요약해 본다(그의 '조직신학 상', 은성, p.673-679)

첫째는 도덕적인 면이다. 인간은 하나님 앞에서 도덕적 책임을 질 수 있는 피조물이라는 것이다. 그리고 옳고 그름에 대한 내적 감각도 가지고 있으며 하나님의 도덕적 기준에 부합하는 행동을 할 때 인간은 그 앞에 거룩하고 의로운 모습으로 나타난다고 하였다.

둘째, 영적인 면이다. 인간은 육체적 몸 뿐 아니라 비물질적인 영도 가지고 있다. 그러므로 인간은 인격적으로 하나님과 관계하고 기도와 찬송을 하고 하나님의 말씀을 듣고 영적인 삶을 추구한다는 것이다. 동물들은 결코 친구나 친척을 위하여 중보의 기도를 드리지 못한다. 인간만이 인격적 관계를 위해 애쓴다.

셋째, 정신적인 면에서 인간은 논리적으로 사고하고 생각하는 존재라는 것이다. 다른 동물에게는 추상적인 사고능력이 없다. 개들에게는 철학사라는 것이 없다. 침팬지 무리가 책상에 앉아 삼위일체 하나님에 대해 토론하지 않는다. 또한 인간만이 장래의 일에 대해 의식을 가지고 있고 육체적으로 죽은 후에도 살게 될 것이라는 내적 감각을 소유하고 있다. 특히 인간만이 가지고 있는 창조성, 예를 들어, 미술, 음악, 문학 그리고 과학적 기술적 발명의 영역에서 볼 수 있는 창조성에도 나타나며 인간만이 특별한 감정을 소유하고 있다는 것이다.

넷째, 관계적인 면에서 인간은 상호간의 조화를 통해 공동체를 영위하고 결혼관계나 대인관계 등에서 독특한 능력을 부여받았다. 특히 인간은 모든 피조물을 다스리는 권세를 받았고 그리스도께서 재림하실 때에 천사들을 심판할 자리에 앉는 권세를 받게 될 것이다(고전6:3, 시8:6-8).

마지막으로, 육체적인 면에서도 하나님을 닮았다. 물론 하나님은 영이시기에 하나님이 육체를 가지신 분으로 오해해선 안 되지만 하나님이 하시는 일을 인간의 육체가 대표한다고 볼 수 있다는 것이다. 즉, 하나님은 육신적인 지체들을 가지고 있지는 않지만 우리의 눈과 귀와 입이 하는 능력은 하나님을 닮은 능력이다. 인간이 말할 수 있는 입은 말씀하시는 하나님이라는 사실을 증거한다.

물론, 오늘날 학자들 사이에는 '참된 형상'이 무엇이냐 즉, 무엇을 의미하느냐에 관하여 일치된 견해는 없다. 버스웰(Buswell) 같은 이는 형상을 '피조물에 대한 지배권'이라 하고 바르트(K. Barth)는 형상을 기독론적으로 해석해야 한다고 하면서 그리스도가 하나님의 형상(에이콘 투 데우)으로 언급된 골1:15과 고후4:4를 인용하여 그리스도가 참된 사람이고 그의 인성이 원래적이라 하면 우리의 경우는 파생적(derivative)이라고 가르친다. 우리가 아담의 인성이 아니라 그리스도의 인성에 참여하는 것이며 그리스도가 우리 인성에 참여하는 것이라고 했다. 왜냐하면 바르트는 아담은 역사적 인물이 아니라 모형적 인물로 보기 때문이다. 그는 우리 모두가 아담이라고 말한다. 바르트의 이런 해석은 부적절하다. 로버트 레이몬드는 바르트의 이런 주장에 대해 이렇게 촌평한다.

"그리스도는 그가 하나님이시기 때문에 그리고 성육신하실 때 우리의 육체를 취하신 까닭에 하나님의 형상인 것이다. 그런 까닭에 그는 실현된 이상이요 인간의 영광의 목적이시다"(그의 〈최신조직신학〉, CLC, 549p.)

논의를 좀 더 진전시키자. 레이몬드에 의하면, 하나님의 형상에 대한 개혁주의 신학적 입장은 형상에 대하여 인격적 도덕적 해석을 하는 것이다. 개혁주의자들은 타락한 인간이 그리스도를 통해서 회복되는 상태가 어떤 것인가를 정확하게 알아내어 하나님의 형상이 참된 의와 거룩과 하나님을 참으로 아는 지식이라고 주장한다. 특별히 이 주장의 근거로 다음 두 구절이 근거로 제시된다.

"너희가 과연 그에게서 듣고 또한 그 안에서 가르침을 받았을진대 너희는 유혹의 욕심을 따라 썩어져 가는 구습을 좇는 옛 사람을 벗어버리고 오직 심령으로 새롭게 되어 하나님을 따라 의와 진리와 거룩함으로 지으심을 받은 새 사람을 입으라"(엡4:21-24)

"새 사람을 입었으니 이는 자기를 창조하신 자의 형상을 좇아 지식에까지 새롭게 하심을 받는 자니라"(골3:10)

결론적으로 역사적으로 개혁주의 신조들은 창1:26-27을 염두에 두고 여기에서 언급된 원시적 형상들이 그리스도로 말미암아 '새로워진 형상의 덕목들'인 것으로 이해한다. 웨스트민스터 신앙고백서 4장 2항이 이를 잘 말해준다.

"하나님께서는 다른 모든 피조물을 지으신 후에 사람을 남자와 여자로 창조하여 이성적이고 불멸적인 영혼을 주셨다. 그리고 자기 자신의 형상을 따라 지식과 의와 거룩함을 부여해 주셨다."

전적타락

아무튼 지금 우리는 인간의 범죄 후 파괴된 하나님의 형상의 실제적 양태들을 이야기하고 있다. 한 마디로 하나님의 형상이 파괴된 것은 지상에서의 인간의 삶이 매우 제한적이며 비능률적이며 정욕적인 존재로 변하였다는 것이다. 물론 하나님의 형상이 심각한 수준으로 파괴되었다고 하여 완전히 상실한 것은 아니다. 인간은 범죄 이후에도 여전히 하나님의 형상을 소유하고 있다. 그러나 범죄 이후에 인간은 온전히 하나님의 형상을 갖지 못하게 되었다. 웨인 그루뎀은 이 상태를 이렇게 설명한다.

"도덕적 순결을 상실했고, 그의 죄악된 성품은 하나님의 거룩함을 반영하지 못한다. 그의 지성도 거짓과 오해로 타락했고, 그의 언어도 더 이상은 지속적으로 하나님을 영화롭게 하지 못하며, 그의 관계도 사랑보다는 이기심의 지배를 받게 되었다. 따라서 인간이 아직 하나님의 형상을 가지고 있기는 하지만 그 형상의 일부분은 파괴되거나 상실되었다. 간단히 말하자면 '하나님이 사람을 정직하게 지으셨으나 사람은 많은 꾀를 내었다'(전7:29). 따라서 타락 이후에도 우리는 아직 하나님의 형상을 가지고 있다. 우리는 아직도 하나님을 닮았고 하나님을 대표한다. 그러나 우리가 가지고 있는 하나님의 형상은 왜곡되었기 때문에 죄가 들어오기 전보다는 덜 온전하게 하나님을 닮았다"(그의 '조직신학상', 은성, p.671)

파괴된 하나님의 형상에 대해 가장 적극적이고 정확한 진단은 '도르트신조'에서 발견된다. 이 신조는 알미니안주의자들의 거센 반항을 잠재우고 칼빈주의를 다섯 가지 교리(일명 TULIP. 물론 튤립은 도르트신조 때에 만들어진 것이 아니고 후대에 한 언론인이 이를 외우기 쉽게 순서를 나열하여 보도한 것이 계기가 되어 현재에 이르게 되었다 한다.)로 요약했는데 현재의 순서 상 그 첫 번째 교리(도르트신조의 첫째 교리는 '무조건적 선택'으로 시작한다)는 '인간의 전적타락'(total depravity)이다. 이 전적 타락은 범죄 이후 예수 그리스도로 말미암은 구속의 이전까지 인간의 모습과 상태를 가장 성경적으로 설명하고 증거하는 최적의 용어가 되었다.

〈칼빈주의〉라는 대작을 통해 이미 국내에 잘 알려진 조엘비키(Joel. R. Beeke)는 최근의 그의 〈전적 타락〉이라는 작품을 통해 전적 타락을 다음의 다섯 가지 내용으로 설명했다.

01. 표준에서 이탈한 죄악

~ 성경은 "죄를 짓는 자마다 불법을 행하나니 죄는 (하나님에 대한) 불법이라"(요일3:4)라고 말씀한다. 그러므로 죄는 우리의 행위와 태도와 본성으로 하나님의 도덕법을 준수하는 일에 실패한 것이라고 할 수 있다. 즉, 우리가 절대 하지 말아야 할 일을 행하거나 되지 말아야 할 존재가 되는 것(실행의 죄), 우리가 반드시 해야만 하는 일을 하지 않거나 되어야만 하는 존재가 되지 않는 것(태만의 죄), 그 모두가 죄인 것이다.

"우리는 다 양 같아서 그릇 행하여 각기 제 길로 갔고"(사 53:6), "모든 사람이 죄를 범하였으매 하나님의 영광에 이르지 못하게"(롬 3:23)

02. 근본적인 영적 타락

~ 전적 타락은 근본적으로 내적이며 영적인 타락이다. 아담 안에서 심각하고도 비극적인 타락으로부터 흘러나오는 우리의 영적 타락이다. 우리는 에덴동산에서 아담의 범죄로 인하여 두 가지 주요한 영향을 받았다. 첫째, 아담에게 내려진 죄의 선고가 우리에게 전가되었기에 우리 역시 하나님 앞에서 죄인이라는 선고를 받게 되었다. 사도 바울은 "그런즉 한 (사람의) 범죄로 많은 사람이 정죄에 이른 것 같이"(롬 5:18)라는 말씀을 통하여 이 부분

을 매우 사실적으로 묘사한다. 둘째, 우리는 아담의 죄의 더러움을 유전적으로 물려받았기 때문에 하나님 앞에서 타락한 죄인이 되었다. 다윗이 시편 51편 5절에서 말하듯이, 우리는 죄악 중에서 출생하였다.

"내가 죄악 중에서 출생하였음이여, 어머니가 죄 중에서 나를 잉태하였나이다."

"만물보다 거짓되고 심히 부패한 것은 마음이라. 누가 능히 이를 알리요마는"(렘17:9)

~ 사도 바울은 자신의 타락의 깊이를 희미하게 감지하고는 "죄인 중에 내가 괴수니라"(딤전1:15)고 고백했다. 존 번연('천로역정'의 저자)은 자신의 영적인 부패를 잠시 보고서 영국에 있는 그 어떤 사람의 마음이든지 그것과 자신의 마음을 바꿀 수 있으면 좋겠다고 말했다.

~ 우리는 하나님의 면전에서 두 가지 문제를 가지고 있다. 하나는 우리가 나쁜 전력을 가지고 있다는 것이며, 다른 하나는 우리가 아주 나쁜 마음을 지니고 있다는 것이다. 특히 두 번째가 훨씬 더 악하고 심각하다. 우리가 자신의 영적인 문제를 성경적인 의미로 이해한다면(로마서 3:9-20절을 읽어 보라), 우리는 이러한 상태('원죄')가 실제 범죄보다 훨씬 더 심각하고도 무거운 죄임을 깨닫게 될 것이다. 왜냐하면 우리의 원죄와 나쁜 마음이라는

샘 근원으로부터 우리의 실제적인 죄들이 흘러나오기 때문이다.

03. 비극적인 전체적 타락

~ 전적 타락은 죄가 비극적으로 포괄적이라는 것을 의미한다. 말하자면, 죄가 우리 인간의 모든 국면에 지독한 영향을 미친다는 뜻이다. 우리의 영적 생명이 심각하게 잘못되었을 뿐만 아니라 우리 존재의 모든 국면이 심각하게 잘못된 것이다. 우리의 인격의 그 어느 부분도 죄의 영향을 받지 않는 곳은 하나도 없다. 우리의 지성과 양심과 감정과 야망과 의지와 우리 영혼의 요새들이 모두 다 본성적으로 죄의 노예가 되어 버렸다.

~ 그러나 전적 타락이 절대적인 타락은 아니다. 이 세상은 지옥이 아니다. 전적 타락은 불신자가 행하는 모든 행위가 전적으로 악하다는 것을 의미하는 것이 아니라, 그가 행하는 것 가운데 전적으로 선한 일이 전혀 없다는 것을 의미한다. 인간이 하나님이나 양심을 전혀 인식할 수 없을 만큼 타락한 것은 아니다. 하나님의 일반적인 은총으로 인하여 인간은 여전히 가족적인 애정을 표현할 수 있고 시민으로서의 의무들을 행할 수 있다. 그는 영웅적인 일을 할 수도 있고 육체적인 담력을 나타내 보일 수도 있으며 위대한 자기 부인을 보여 줄 수도 있다. 그럼에도 불구하고 인간은 그 본성의 모든 국면에 있어서 여전히 부패한 죄인이며, 따

라서 하나님 앞에서 영적으로 그 어떤 선한 행실도 수행할 능력이 없는 존재이다.

04. 노예적인 무능력

~ 전적 타락은 무능력을 의미한다. 죄의 영향을 받지 않는 생각이나 말이나 행동은 없으며 인간 삶의 다른 모든 국면도 역시 마찬가지이다. 로마서 6장 16절은 우리가 본성적으로 죄의 종이라고 말씀하고 있다.

"너희 자신을 종으로 내주어 누구에게 순종하든지 그 순종함을 받는 자의 종이 되는 줄을 너희가 알지 못하느냐? 혹은 죄의 종으로 사망에 이르고 혹은 순종의 종으로 의에 이르느니라."

~ 위의 말씀을 보면 바울은 우리가 본성적으로 죄의 종이었다고 말한다. 죄가 바로 당신의 주인인 것이다. 죄가 당신의 주인 노릇을 하며 당신을 통제한 것이다. 그럼에도 불구하고 죄는 언제나 당신이 자유로우며 스스로의 운명을 바꿀 수 있다는 인상을 심어주었다. 이와 같이 전적 타락은 도덕적 무능력을 수반한다. 우리는 우리의 상태에 대해서 아무 일도 할 수 없다. 우리는 태어날 때부터 영적으로 무기력하며, 우리 자신을 구원할 능력이나 의지가 없다. 우리는 기독교 신앙을 인식할 수도 없고 회심하기 위해 어떤 일을 행할 능력도 없다.

~ 칼빈은 "우리는 성령께서 우리 안에 새로운 의지를 심어 주시기 전까지는 죄를 지을 수밖에 없다"라고 하였다. 자연인이 그리스도를 믿고 죄로부터 돌아서라는 복음과 계명의 말씀을 수없이 듣는다 할지라도, 그는 결코 '자기 자신의 힘으로는 스스로 회심할 수도, 그것을 준비할 수도 없는 것이다'(웨스트민스터 신앙고백서 제9장 3절 참고).

~ 그러므로 전능하신 하나님께서 그 능력으로 당신을 영적 사망에서 건져 주시고 멀어 버린 눈을 열어 주시고 닫힌 귀를 듣게 하시며, 당신을 묶고 있는 죄악의 사슬을 끊어 주시기 전까지 당신은 여전히 죄의 종이다. 그리고 하나님께서 그렇게 해 주신다 하더라도 당신은 숨을 거두는 순간까지 죄의 중독과 끊임없이 싸우게 된 것이다. 왜냐하면 우리는 마지막까지 죄의 중독으로부터 회복되어야 하는 존재이기 때문이다.

"오호라 나는 곤고한 사람이로다. 이 사망의 몸에서 누가 나를 건져 내랴"(롬 7:24)

05. 죽음에 이르는 치명적인 타락

~ 전적 타락은 죄의 마지막 결과를 확실하게 보여 준다. 바로 '죄의 삯은 사망'(롬 6:23)이라는 것이다. 만일 당신이 죄를 위해 일하고 봉사한다면, 당신은 죄의 삯을 받을 것이다. 이것은 절대적

인 도덕 법칙이다. 우리 모두에게 육체적 사망(몸과 영의 분리)은 절대로 피할 수 없는 사실이다.

"한 번 죽는 것은 사람에게 정해진 것이요 그 후에는 심판이 있으리니"(히 9:27)

~ 그러나 이것보다 더 심각한 것은, 우리의 영혼이 하나님으로부터 분리되는 것, 즉 영적 사망이다. 그로 말미암아 우리는 하나님의 형상과 하나님과의 교제를 상실하고 그분의 저주 아래 놓이게 된다. 더 나아가 그 무엇보다도 심각한 영적 사망이 있다. 즉, 우리의 영혼과 몸이 조금의 일반은총도 없이 하나님으로부터 영원히 분리되는 사망이 있는 것이다. 영적 사망은 지옥이다. 지옥은 엄숙하고도 심각한 실재이다. 요한계시록에서는 지옥에 대해 이렇게 말한다.

"불과 유황으로 타는 못에 던져지리니 이것이 둘째 사망이라"(계21:8)

노아 시절이었다. 노아는 500세 이후에 셈과 함과 야벳이라는 아들 셋을 얻었다. 노아의 아버지 라멕은 777세를 살았고 할아버지 므두셀라는 성경에 기록된 사람 중 최장수인 969세를 영위했다. 이렇게 사람들이 오래 살았다는 것은 지금과는 다르게 수많은 자손들을 얻었다는 뜻이 된다. 그래서 사람들이 땅 위에 번성하기 시작했다(창6:1). 히브리어 '라바브'는 진행형 동사로서 '계속 숫자가 증가한다'는 뜻을 가졌다. 욥 35:6에선 '악행이 가득하다'라고 할 때 이 단어를 사용했는데, 일정한 공간이나 조건을 가득 채웠다는 의미다. 아마 노아가 살고 있던 지역을 중심으로 볼 때 굉장히 많은 인구의 증가가 있었던 것으로 보인다. 이는 창 1:28의 성취이다. 하나님은 사람을 지으시고 그들에게 복을 주시며 생육하고 번성하여 땅에 충만하라, 땅을 정복하라, 모든 생물을 다스리라고 말씀하셨다.

인류 역사는 사람이 많이 몰리는 곳을 중심으로 문명이 발전하는 패턴을 보여주어 있다. 사람이 많이 몰린다는 것은 그만큼 사람들의 필요나 욕구가 충족되는 조건을 갖추었다는 뜻이다. 사람의 기본욕구는 '의식주'이다. 이 기본 욕구를 채우기 위해 사람살이를 한다. 문제는 기본욕구가 채워진 다음엔 다른 욕구가 발생한다는 것이다. 인간의 욕구는 늘 새로운 욕구로 상승하기 때문에 완전한 충족이란 있을 수 없다. 그래서 기본욕구가 어느 정도 충족되고 만족을 누리면 인간은 다른 욕구를 찾는다. 육체는 언제나 더 자극적이고 쾌락적인 욕구를 추구한다. 그중 성욕은 가장 강렬한 쾌락적 욕구에 해당한다.

이 때 욕구의 도구로 전락한 육체를 성경은 '바사르'(헬라어로는 '싸륵스'라 함)라고 하는데 이는 단순한 몸이 아니라 죄의 영향으로 사악하게 된 타락한 육체를 말한다.

타락한 육체를 가진 인간의 몸은 쾌락의 노예가 된다. 앞서 소개한 본문의 사람들도 그랬다. 문제는 노아의 때에 하나님의 자녀들까지 쾌락을 즐기는 일에 동참했다는 것이다. 2절을 보면, 하나님의 아들들과 사람의 딸들이 등장한다. 이 구절에 대해 많은 논란이 있다. 누가 하나님의 아들들이고 누가 사람의 딸들인가에 대한 해석은 분분하다. 유대 랍비들은 귀족의 자녀들과 천민의 딸들이라고 해석한다. 혹자는 천사들과 인간을 상징하는 말이라 해석한다. 그러나 이 견해는 천사의 타락사를 말하는 것으로 적합지 않다. 개혁신학은 하나님의 아들들은 셋 계통의 하나님의 경건한 자녀들을 의미하고, 사람의 딸들은 가인 계통의 불경건한 자녀들로 본다. 성경은 '하나님의 아들'이라는 용어를 천사에게도 적용하지만 경건한 신앙인들을 지칭할 때에도 사용한다. 성경은 분명히 하나님의 자녀와 아닌 자들을 구분한다.

"그들이 여호와를 향하여 악을 행하니 하나님의 자녀가 아니요

흠이 있고 비뚤어진 세대라. 여호와의 분깃은 자기 백성이라 야
곱은 그가 택하신 기업이라"(신32:5, 9)

"하나님께 속한 자는 하나님의 말씀을 듣나니 너희가 듣지 아니
함은 하나님께 속하지 아니 하였음이로다"(요8:47)

하나님은 거룩과 불결이 섞이는 것을 절대로 불허한다. 그러
므로 하나님의 아들들은 사람의 딸들과 관계해서는 아니 된
다. 그런데 본문에 등장하는 하나님의 아들들은 그 경계선을
넘어서고 말았다. 칼빈은 창세기 주석에서 이 행위에 대해 이
렇게 해석한다.

"셈의 후손들이 가인의 자녀들과 혼합되며 다른 망령된 인종들
과 혼합되는 것은 그들로서는 가장 근본적인 배은망덕한 처사였
다. 왜냐하면 그들이 자진해서 하나님의 측량할 수 없는 은혜를
박탈했기 때문이다. 하나님의 정해 놓으신 질서를 그릇되게 하
며 혼란시키는 것은 도저히 용납할 수 없는 하나님에 대한 모독
인 것이다"

타락한 인간은 늘 정해진 선을 넘는다. 선악과 범죄도 하나님

이 금하신 선을 넘어선 것이고, 가인은 하나님의 주권적 영역의 선을 침범하였으며, 하나님의 아들들도 경계선을 넘어 하나님의 금령을 위반했다. 칼빈은 하나님의 요구하시는 신앙과 순종을 배반한 자들을 수치스러운 자들이라 맹공한다.

특히 결혼은 하나님이 제정하신 신성한 제도이다. 이 제도는 인간의 정욕에 의해 무너져서는 안 되는 제도이다. 모든 신자가 거룩함으로 그리스도와 연합하듯이 부부는 거룩함으로 하나님 안에서 서로 연합해야 한다. 그러나 타락한 인간들은 이 신성한 결혼의 문제를 오직 정욕적으로 해결하려고 하였다. 이것이 근본적인 문제다.

이러한 근본적인 문제는 더욱 발전하여 구체적이고 실제적인 문제로 안착한다.

첫째, 본문에서 하나님의 아들들은 오직 딸들의 아름다움에 반해 그녀들을 아내로 삼았다고 했다. 자신의 배우자를 외모만을 보고 선택했다는 것은 인간의 타락상을 적나라하게 보여주는 것이다. 성적 욕구에 눈먼 눈은 본질이 아니라 현상을 먼저 바라보고 인간의 중심적 가치보다는 겉으로 드러난 피상적인 가치에 매혹된다. 본질과 현상은 상호 조화되어야 한다. 하나님은 인간의 영혼을 가장 완벽하고 아름다운 육체에다 담아 주셨다. 비록 인간의 영혼이 중요하지만 그 영혼의 가치는 육체에 의해 빛나도록 만드셨다. 반면에 제아무리 육체가 훌륭해도 그 속에 담긴 정신적, 영적 가치가 타락하고 부패하고 미숙하고 저급하다면 정말 우스꽝스러운 존재가 만들어진 것이라 할 것이다. 제아무리 육체미를 뽐내고 그를 자랑한다 해도 그의 영적 가치와 정신적 수준과 도덕적 행위가 형편없다면 누가 그를 아름답고 멋진 인간의 모형이라 하겠는가? 얼굴만 예쁜 여자, 강건한 육체만 가진 남자가 어떤 문명의 발전에 기여하는가?

둘째, 모세는 여기서 보다 분명하게 정욕의 난폭성을 격렬하게 묘사하고 있다. 하나님의 아들들은 하나님이 제정하신 신성한 결혼의 제도를 무참히 짓밟고 있는 것이다. 이 제도와 법을 모독하는 것은 하나님 앞에서 실로 무서운 죄를 범하는 것이다. 한편으로 보통 생각으로 놓치기 쉬운 점은 겉으로 보이는 간음만이 문제가 아니라 자신들이 직접 아내들을 골라내는 무모함이라는 것이다. 이것은 하나님에 대한 매우 심각한 도전이다. 왜냐하면 이런 무모한 연합의 결과가 뻔해 보이기 때문이다. 하나님의 아들들이 불신자들과 같은 멍에를 매게 될 때 자연히 타락하기 마련이다. 칼빈은 여기서 발람의 교훈을 우리에게 상기시킨다.

"이를테면 저주하는 능력이 그에게 취해졌을 때 그는 미디안 사람들에게 여자들을 은밀하게 보내라고 명령하였으니 그들 여자들은 하나님의 백성들을 불신앙의 결점을 갖게 하려는 자들이었다. (중략) 그들이 신성한 결혼을 자기들의 정욕대로 좇아서 추구하고, 불법적인 결혼을 하는 한 언제나 그 비통한 죄악은 벗어버릴 수가 없는 것이다. 더욱 사악한 것은 자신들을 사악한 자들과 뒤범벅이 됨으로 하나님을 경배하는 것을 모독했을 때에 그들의 신앙에서는 멀리 떨어져 나갔던 것이다."(창세기 주석, 213p.)

그러므로 창 6장에 기록된 이 혼합행위는 실로 하나님나라의 역사에 있어서 지울 수 없는 대죄이며, 이것의 영향으로 이후 인류는 한 사람도 예외 없이 이 육체의 정욕죄에 감염되어 더욱 세차게 타락의 길을 내달린 것이다.

공의의 하나님

이런 점에서 하나님의 조치와 판결은 결코 위협적이거나 심한 것이 아니다. 하나님은 언제나 공의로우시며 공평하신 분이시다. 하나님의 행사에는 조금도 어긋남이 없다. 하나님은 하나님의 아들들의 타락에 대해 크게 실망하셨다. 가인이 죽인 아벨 대신에 얻은 셋째 아들 셋의 후손들에게 기대하였지만 10대 만에 인류는 철저히 타락하고 말았다. 하나님만을 경배해야 하는 자들이 다른 가증스런 민족과 섞이고 만 이 후안무치의 범죄는 정말로 하나님을 한숨짓게 만들고 격노케 하였다.

이제 하나님의 판결만이 남았다. 이 판결은 전무후무한 판결이다. 왜냐하면 하나님이 인간을 버리신다고 선언했기 때문이다. 하나님은 성경 어디에서도, 하나님의 역사 가운데 어느 한 지점에서도 이렇게 강하게 자신의 속내를 드러내지 않으셨다. 자신의 형상으로 지은 사람과 영원히 함께 하지 않겠다고 선언한 곳은 딱 이곳 한 곳 뿐이다.

"나의 영이 영원히 사람과 함께 하지 아니하리라"(창6:3)

하나님은 영이시다. 이 말은 하나님의 영적 본질과 기능의 특별한 점을 강조한다. 하나님은 하나님만이 가지고 있는 영적인 속성이 있다. 그런데 그 영적 본질과 기능을 인간의 영혼에도 심으셨다. 자신의 영적 기능과 본질을 인간과 공유하셨다. 조직신학에서는 이것을 '공유적 속성'이라 한다. 루이스 벌콥에 의하면, 이 공유적 속성은 인격적인 영으로서의 하나님을 설명할 때 사용된다. 완전한 인격은 오직 하나님에게서만 발견된다. 그런데 이 인격을 인간에게 나누어 주심으로 인간도 인격을 지니게 되었다. 벌콥은 이에 대해 '오로지 원본에 대한 제한적인 복사판'(그의 〈조직신학〉, 크리스찬다이제스트, 259p.)이라 했다. 하나님의 복사판인 인간은 하나님이 소유한 여러 속성들을 닮아 있다. 예를 들어 하나님의 영성과 지성적인 부분들, 즉 하나님의 지식과 지혜와 진실성들, 그리고 선과 사랑, 은혜, 긍휼, 오래 참으심 등으로 나타나는 하나님의 도덕적인 속성들, 또 하나님의 주권적 속성들의 일부가 인간에게 고스란히 주어졌다.

물론 하나님의 고유한 속성들은 여전히 하나님만이 가지고 계신다. 어떤 존재도 하나님의 완전한 속성을 소유하지 못한다. 어느 누구도 자존하지 못하고, 불변하지 못하며, 무한하지 못하며, 영원하고 전지전능하고 무소부재하지 못하며, 완전히 거룩하거나 시간과 공간과 차원을 초월하여 존재하지 못한다. 오직 하나님만 소유한다. 이 속성들을 '비공유적 속성'

이라 한다.

비록 하나님의 모든 속성들을 공유하지는 않았지만 모든 피
조물 중에서 가장 하나님을 닮은 존재는 단연 인간이다. 인
간만이 하나님이 가지신 속성들을 흉내 낸다. 인간만이 하나
님의 형상으로 지음을 받았기에 하나님과 관계를 맺고 소통
하고, 인간에게만 하나님이 자기 말을 들으라고 말씀하신다.

그런데 아이러니하게도 은혜를 받은 자들이 은혜를 배신한
다. 감사해야 할 사람들이 불평부터 한다. 하나님으로부터 온
갖 특권을 부여받고 만물의 지배자로 위임받은 인간이 하나님
께 불순종한다. 그 이유가 뭘까? 하나님이 그 원인을 스스로
밝히신다. 6장 3절 하반부에서 하나님은 인간이 '육신'이 되었
기 때문이라 하신다. '바사르'는 그냥 '살코기'를 말한다. 짐승
의 살도 이에 포함된다(출16:12, 레7:19, 민11:4, 13). 시편 기
자는 '혈육을 가진 사람'이라 표현한다(시56:4).

육체는 몇 가지 특징을 가진다. 첫째, 육체는 탐욕적이다.
앞에서도 소개했듯이 육체는 육체의 일을 추구한다(갈5:19-
21). 둘째, 육체는 범죄적이다. 범죄란 하나님의 뜻을 거스르

는 것이다. 육체의 일로서 성령의 일을 거스르는 것이 하나님께 범죄하는 것이다. 셋째, 육체는 제한적이다. 육체는 시공간 안에 제한을 받는다. 육체의 차원은 영적인 차원을 넘어서지 못한다. 넷째, 육체는 이기적이고 방어적이다. 육체는 육체의 훼손을 방어하는 본능을 가진다. 자신의 육체가 상해를 당하거나 유익을 침범당하거나 불편해지는 일에 본능적으로 저항한다. 마지막으로 육체는 소멸적이다. 육체는 반드시 사용기간이 있다. 사용기간이 다하면 육체는 소멸한다. 흙으로 만들었으니 흙으로 다시 돌아간다.

하나님은 노아시대의 육체 덩어리들의 탐욕적인 행동을 보시고 그들의 연수를 120년으로 단축시키셨다. 물론 이는 대홍수심판을 예고한 말씀으로 이해된다. 한편으로 이 기간은 노아시대의 타락한 인간들에게 주어진 회개의 기간으로 해석되기도 한다. 하나님은 이렇게 자비하신 분이시다. 아무리 진노하시어도 화를 참으시고 죄인들이 회개하기를 기다리신다. 베드로 사도는 이렇게 설명했다.

"주의 약속은 어떤 이들이 더디다고 생각하는 것 같이 더딘 것이 아니라 오직 주께서는 너희를 대하사 오래 참으사 아무도 멸

망하지 아니하고 회개하기에 이르기를 원하시느니라"(벧후3:9)

　　하나님의 아들들과 사람의 딸들의 연합으로 얻어진 결과
가 놀랍다. 6장 4절에서 두 가지 결과를 소개한다. 하나는 '
네피림'이다. 이 말의 어원과 유래는 불명확하다. 어떤 이는 '
넘어지다'라는 히브리어 동사 '나팔'에서 유래했을 것으로 보
지만 칼빈도 이에 대해 확실하게 지지하지 않는다. 혹자는 그
들의 거구 때문에 모든 사람들이 그들을 보기만 해도 놀랐으
며 그래서 그들을 그렇게 불렀다고 해석한다. 그러나 이때의
네피림이 일반적인 '거구' 혹은 '거인'(레두파임)인가는 의심
의 여지가 많다. 또 어떤 이들은 신적인 존재들이 타락한 육체
를 탐한 결과 출생한 매우 부자연스러운 존재라고 보기도 한
다. 칼빈은 억수같이 퍼붓는 비와 맹렬한 비바람을 연상하면
서 그것들이 들판을 향해 몰아칠 때 폐허가 되는 것처럼 세상
에 파멸과 황폐를 초래하는 도적떼들이라고 설명한다(창세기
주석, 6장 4절, 218쪽). 네피림이 무엇이냐에 대한 가장 일반
적인 견해는 하나님의 아들들을 경건한 셋의 자손으로 사람
의 딸들은 신앙심이 없는 가인의 자손으로 보는 해석이다. 이
러한 결합은 의로운 셋의 자손들을 도덕적으로 퇴보하게 하
였고 그 결과 기형적인 존재가 탄생했다고 본다. 어떤 이들은

이를 단순히 전설적인 존재로 축소시키는데 실제로 민 13:33에서 정탐꾼들은 '네피림의 후손인 아낙 자손을 보았다'고 증언하고 있는 것으로 보아 네피림은 실제 존재한 종족임은 틀림없어 보인다.

다음으로 하나님의 아들들과 사람의 딸들 사이에 태어난 자식들을 '용사'로 소개한다. '용사'는 '깁볼'이라 하는데 영어로는 hero에 해당한다. 씨름꾼에 비유하면 천하장사급이다. 성경에서도 많은 장군이나 용맹한 자에게 붙여진 칭호이다. 반면에 '깁볼'은 성경 역사에서 자신의 힘을 과신하고 약자를 괴롭히며 지배하고 군림하는 '포악한 자'로 등장하기도 한다. 시편 기자는 이 자를 이렇게 표현하고 있다.

"포악한 자여 네가 어찌하여 악한 계획을 스스로 자랑하는가 하나님의 인자하심은 항상 있도다. 네 혀가 심한 악을 꾀하여 날카로운 삭도같이 간사를 행하도다. 네가 선보다 악을 사랑하며 의를 말함보다 거짓을 사랑하는 도다(셀라). 간사한 혀여 너는 남을 해치는 모든 말을 좋아하는 도다"(시52:1-4)

한편으로 '용사'는 고대에 '명성이 있는 자들'(men of renown)로 소개된다. 여기서 명성이란 결코 좋은 의미를 가진 것이 아니다. 이 명성은 하나님 나라에서는 굳이 얻을 필요가 없는 명성들이다. 지금도 세상에는 유명한 자들이 많다. 세상의 모든 권력자들과 재력가들과 창안자들과 예술가들과 배우들과 강연자들과 방송인들과 스포츠 영웅들 등이 유명세를 누리며 산다. 유명하다고 나쁜 것은 아닐 테다. 그러나 그들이 하나님의 영광이 아니라 자신의 영광을 구할 때 그 명성은 하나님 앞에서 종잇조각처럼 구겨질 소모품에 불과할 것이다. 특별히 유명한 자들의 치명적인 약점은 자신이 잘났다고 착각한다는 것에 있다. 잘못된 우월감(sense of superiority)은 다른 사람을 쉽게 짓밟는 데 사용된다. 칼빈은 '용사'들의 행태를 매우 적나라하게 풀이한다.

"그들은 잔인한 폭군들이었으며 일반 백성들과 구별되는 특수 계급들이었다. 그들의 최후의 잘못은 교만이었다. 자기들의 힘을 의지하고 모든 멍에를 팽개치기 시작했고, 그들의 분수에 어긋나게 자신들을 자랑하며 거만을 부렸다. 동시에 그런 거만스런 행동이 결국은 하나님의 모든 제도를 뿌리쳐 버리고 그분을 멸시하게 만들었던 것이다. 또한 그들은 인간에 대해서는 경멸적이고 잔인한 자들이었으니 그 이유는 하나님에게 복종하기를 거절하는 자

들이 인간에게 정중하게 처신한다는 것은 도저히 불가능하기 때문이다"(창세기 주석 6장 4절, 219쪽)

아, 인간의 부패와 추악함과 잔인함이여! 그래도 당신은 사람에게 희망이 있다고 말할 것인가? 사람보다 부패하고 악하고 제멋대로인 존재가 또 어디 있는가? 가축도 꾸짖으며 채찍질하면 말을 듣는다. 북한산에 서식하는 멧돼지도 자기 길을 따라 다닌다. 오직 사람만이 넘어 다니지 말라고 막아 놓은 철조망 아랫부분을 기어이 구멍을 내고 왕래한다. 사람은 본성적으로 다른 존재로부터 간섭받고 규제 받고 사는 것을 거부하는 존재다. 이 본성은 결국 자신을 지은 창조주 하나님마저 부정하는 결과를 낳는다.

"어리석은 자는 그의 마음에 이르기를 하나님이 없다 하도다 그들은 부패하며 가증한 악을 행함이여 선을 행하는 자가 없도다. 하나님이 하늘에서 인생을 굽어 살피사 지각이 있는 자와 하나님을 찾는 자가 있는가 보려 하신즉, 각기 물러가 함께 더러운 자가 되고 선을 행하는 자가 없으니 한 사람도 없도다. 죄악을 행하는 자들은 무지하냐 그들이 떡 먹듯이 내 백성을 먹으면서 하나님을 부르지 아니 하는도다"(시53:1-4)

패악할 대로 패악해진 인생들을 보시고 하나님마저 땅 위에 사람 지으심을 한탄하시었음을 잊지 말아야 한다. 물론 하나님의 후회는 자신의 실수나 잘못을 뉘우치는 차원에서 하시는 것이 아니다. 하나님이 한탄하신 것은 자유의지를 가진 인간들의 악한 선택에 대한 큰 실망과 우려와 진노의 표현이다.

"여호와께서 사람의 죄악이 세상에 가득함과 그의 마음으로 생각하는 모든 계획이 항상 악할 뿐임을 보시고, 땅 위에 사람 지으심을 한탄하사 마음에 근심하시고"(창6:5-6)

얼마나 뼈아픈 한탄인지 인생은 모른다. 인생이 하나님의 마음을 억만 분의 일이라도 헤아릴 수 있을까? 인간의 언어로 하나님의 심중을 헤아릴 표현할 길은 없다. 그러나 모세는 하나님의 깊은 마음에서 우러나온 모든 지혜의 뜻과 계획과 의중을 계시 받았고 하나님이 정하신 언어로 기록했다.

창 6:5-6에서 두 단어가 특별하다. 하나는 '한탄하다'인데 히브리어 '나함'은 주로 인간이 자신의 행위를 후회하고 뉘우치고 회개할 때 쓰이는 말이다. 자신의 죄를 슬퍼하고 뉘우칠 때 인간의 모습이 가장 불쌍한 법이라서 때로 '불쌍히 여기다'

는 뜻으로도 쓰인다. 이 계시된 단어를 통해 하나님은 자신의 심중의 일단을 드러내셨다. 즉, 하나님도 자신의 불쌍한 처지를 인간 앞에 드러내실 만큼 하나님은 찢어지는 고통을 느끼신 것이다. 그래서 두 번째 심중의 일단을 '근심하다'고 표현했다. 이에 해당하는 히브리어 '아차브'를 NIV 영어성경은 'his heart was filled with pain'으로 번역했다. 하나님이 고통을 겪으셨다는 것이다. 이 우주만물의 창조주이시자 주권자이신 하나님이 슬픈 마음으로 고통스러웠다는 것을 알았을 때 진정 하나님의 자녀라면 어찌해야 하는가? 부모의 슬픔에도 눈 하나 꿈적하지 않는 자식이라면 그는 버려져야 하는 것이 아닌가? 진짜 자식이라면 온 하늘을 울릴 정도로 통곡해야 하지 않은가?

결국 하나님의 이 진심어린 한탄과 참혹한 심정은 자신이 지으신 모든 호흡하는 존재들을 땅 위에서 지워 버리는 것으로 단행되었다. 그것이 홍수 심판이었다. 그 홍수 속에 담긴 하나님의 울부짖음이 지금도 귀에 들리는 듯하다.

부록: 홍수심판

(홍수 관련내용은 조쉬 맥도웰의 〈기독교변증총서, 순출판사〉에서 요약 발췌했다.)

먼저 전 지구상에 산재한 홍수관련 전설들이 있다. 실제로 조사결과 오늘날 지구 위에는 약 200여 부족이 갖고 있는 약 270개의 홍수 이야기가 남아있다. 물론 각각의 내용이 동일한 것은 아니다. 홍수가 일어난 이유가 다르고, 홍수의 진행사항과 내용들이 각양각색이다. 그러나 홍수가 전무후무한 규모였다거나, 큰 배가 등장하는 것과 그 배에 사람뿐 아니라 각종 동물들을 실었다는 것, 그리고 홍수를 피한 것은 극히 소수의 사람이었다는 등의 내용은 대체적으로 일치하고 있다.

대표적으로 '이집트의 홍수이야기'가 있다. 피라미드의 벽에는 홍수에 관한 많은 그림들이 남아 있다. 그림 한 가운데에 신이 있고 그 옆에 노아 같은 사람이 서 있다. 배가 3층으로 지어진 것과 배에 수많은 짐승들이 탄 것과, 8명의 사람들이 탄 것 등은 성경의 홍수 기사와 너무나 흡사하다. 다음으로는 '길

가메쉬 서사시'가 있다. 이는 주전 627년에 죽은 것으로 추정되는 앗시리아 왕 앗수르바니팔의 왕실 서고에서 발견된 것으로 수천 개의 점토판에 바벨론의 전설이나 설화들이 기록되었다. 그중 11번째 점토판에서 창세기의 홍수이야기와 흡사한 기록이 발견되었다. 중국에도 홍수이야기가 전해진다. 이 전설에 따르면, 모든 중국인은 '누와'(Nu-wah, 女와)의 자손이라 하는데, '누'는 '여자'라는 뜻이고, '와'는 '꽃 같은'이라는 뜻이다. 흥미로운 것은 이 누와의 발음이 노아와 너무 흡사하다. 또 한자에서도 흔적들을 발견할 수 있는데, 배 '船'자는 '배에 탄 여덟 명의 사람'을 의미하는 글자이고, 이들이 홍수 후에 살았던 동굴을 두고 동굴 '穴'자가 만들어졌는데, 굴 안에 여덟 명이 살았다는 것을 암시한다.(동굴 안에 있던 사람들이 모두 밖으로 일하러 나갔다 하여 '빌 空'이라 한다). 인디언사회에서는 훨씬 더 많은 홍수 이야기들을 가지고 있다. 특히 인디언들이 많이 살았던 미시건주에서는 오래된 홍수전설 토판들이 많이 발견되었다. 이 토판들에는 일그러진 태양과 즐겁게 만세를 부르는 사람, 한 노인이 하늘을 향해 경배하는 모습, 큰 비가 내리고 사람들이 물에 빠져 허우적대는 모습, 큰 배가 물 위에 떠 있는 모습, 40주야를 상징하는 듯한 40칸의 그림과 나뭇잎을 물고 있는 새 한 마리와 배에서 내리는 쌍쌍의 동물들과 선명한 무지개 그림이 그려져 있다.

홍수이야기는 멕시코와 중남미에서도 발견된다. 멕시코 원주민 톨텍족의 전설도 창세기와 너무나 흡사하다.

"이 세대와 첫 번째 세계는 1,716년간 지속되었다. 사람들은 비와 하늘과 땅으로부터 온 번개들에 의해 모조리 멸망했고, 가장 높은 산들이 15 규빗의 물속에 잠겼다. 홍수 이후 두 번째 세계의 사람들은 파멸을 면하기 위해 높은 탑 자쿠알리를 세웠다가 멸망했다. 이후 언어들이 혼돈되었고 서로를 이해할 수 없었기에 그들은 지구의 다른 곳으로 갔다. 톨텍족은 홍수 후 520년에 이 지방에 이르렀다."

이 전설들에는 다음의 공통점들이 있다. 첫째, 홍수의 원인을 모두 인간의 타락과 불경스러움으로 말하고 있고 둘째, 노아가 홍수를 미리 고지 받은 것처럼 홍수에 대한 사전 경고가 반드시 등장하며 셋째, 몇몇 생존자들을 제외하고 다른 모든 사람들이 전멸했으며 넷째, 홍수사건을 알려주는 일에 새들이 등장하고 있다. 이외 생존자가 8명이었다는 것과 홍수의 상황들이 다른 설화와 달리 비교적 매우 상세히 기록되었다는 점, 날짜나 기간, 물의 깊이 등 수리적 표현들이 등장한다는 점들은 매우 특이한 사항들로 우리를 지금도 놀라게 하고 있다.

　다음으로 전 지구상에 산재한 홍수의 증거들에 대해 알아본다. 첫 번째 증거로 충적층이 있다. 1929년 영국의 울리(Wooley)는 유프라테스 강 인근의 메소포타미아 지역을 발굴하면서 홍수의 뚜렷한 흔적들을 발견했다. 주전 3,500년경의 것으로 추정되는 수메르 인들의 매장지를 발굴하면서 일단의 퇴적층을 발견했는데 이 퇴적층 밑에는 수메르 문명과는 완전히 다른 인공 유물들의 충적층이 발견되었다. 충적층이 있다는 것은 한 문명이 갑자기 끝나고 갑자기 다른 문명이 시작되었다는 뜻이다. 두 번째 증거는 홍적세이다. 지구상의 곳곳에는 홍수의 흔적을 그대로 보존하고 있는 퇴적층들이 있는데 이 시대의 지층을 홍적세라고 부른다. 홍적세는 전 지구상에 존재한다. 이로 인해 노아의 홍수는 유프라테스 강 주변 지역에서 일어난 국부적인 홍수가 아니라 전 지구적인 사건임을 말해준다. 세 번째 확실한 증거는 매머드 화석이다. 매머드는 약 480만 년 전부터 4천 년 전까지 살았던 포유류 동물이다. 크기가 약 5미터에 달하고 긴 코와 4미터 길이의 어금니를 가졌으며 온 몸이 털로 뒤덮인 원시동물 군의 하나로 과학자들의 연구에 의하면 매머드는 마지막 빙하기 때 멸종되었다고 한다. 실제로 시베리아와 알래스카에서는 전신에 살점과 털이 남아있는 수백 마리의 매머드 화석이 발견되었다. 이 화석들은 추운 얼음지대에서 거의 훼손되지 않은 채 발견되어졌는데 거대한 한 동물이 먹을 것이 거의 없는 툰드라 지대에서 살았다는 것도 이상한 일이지만 더 놀라운 것은 매머드를 해부했을 때 매머드의 내장 속에는 화산재가 섞여 있는 아열대성 활엽수 잎이 그대로 남아 있었다. 이것은 매머드가 육식이 아니라 초식동물이었음을 실증한다. 또 이것은 메머드가 살던 당시의 시베리아가 지금처럼 추운 지방이 아니라 아열대성 기후를 가진 따뜻한 지방이었다는 것을 말해주는 것이다. 다시 말해 매머드 화석이 말해 주는 것은 따뜻했던 지방에 갑자기 혹한이 몰아쳤고 그래서 많은 동식물들이 갑작스럽게 얼어 죽었으며 그 상태로 얼음 속에서 오랫동안 보존되었다는 것이다. 노아의 홍수가 아니라면 이런 일들이 절대로 일어날 수 없다는 것이 명백한 사실이다. 네 번째로 내륙에 있는 염해가 그 증거물이다. 염해는 바닷물이 육지의 강물에 침입한 증거다. '사해(죽은 바다)'로 알려진 이스라엘의 호수는 바닷물이 섞인 염해로 유명한 곳이다. 또 터키 동부지역에 위치한 '만호'는 해발 1,700미터 높이에 있는데 염분이 섞여 있다. 이란의 '우르미아호'는 해발 1,470미터에 있는데 염분의 함유량이 무려 23%에 이른다. 또 해발 3,800미터에 있는 안데스 산맥의 '

티티카카호'는 넓이만 약 480㎢에 달하는데 이 호수도 염호이다. 제일 신기한 것은 고비사막 가운데 있는 호수도 염호라는 것이다. 현대과학은 어떻게 해서 바닷물이 육지 한 가운데 있는 이런 호수까지 침투해 들어왔는지 설명하지 못한다. 오직 대홍수만이 이를 정확히 설명한다.

그렇다면 창세기 홍수기록은 믿을만한가? 충분히 믿을만한 유일한 결론이라고 말할 수 있다. 첫째, 창세기 홍수 기록에는 실제 인물들이 등장한다. 세상의 많은 전설이나 신화에는 등장인물들의 이름들이 정확하게 소개되지 않고 '갑돌이' 갑순이' 등 가공의 이름들이 대부분이다. 그러나 노아 홍수에 등장하는 인물들, 즉 노아와 세 아들 셈, 함, 야벳은 가공의 인물들이 아니라 실존의 인물들이다. 이들의 이름을 따서 훗날 셈족과 함족과 야벳족이 생겨났고, 그 후손들 또한 각 민족들의 조상이 되었다. 그러므로 창세기의 홍수의 기록은 실제 인물들이 겪은 실제의 사건이라는 것이다. 둘째, 실제의 지명들이 등장한다. 신화나 전설에는 또 가공의 지명들이 등장한다. 강이나 마을이나 지상에 없는 세계를 소개한다. 그러나 노아 홍수에 등장하는 아라랏 산이나 강들 이름, 즉 유프라테스나 힛데겔 강 등은 가공의 이름들이 아니라 실제의 지명들이다. 셋째,

정확한 날짜와 숫자를 기록하고 있다. 세상의 전설이나 신화들은 정확한 날짜나 숫자를 말하지 않고 '옛날 옛적에' '호랑이 담배피던 시절에' 등 대충 시간들을 이야기하고 넘어간다. 그러나 노아홍수이야기는 정확한 홍수의 진행과정을 기록하고 그것들을 숫자로 표현한다. 다시 말해, 비가 내린 기간과 물의 높이까지 소개한다. 나아가 마치 홍수를 직접 목격한 것처럼 정확하게 육하 원칙에 입각하여 사건을 기록하고 있다. 이런 기록의 목적은 홍수가 실제의 사건이라는 것을 강력하게 변호하는 기법들임에 틀림없다.

무엇보다 성경의 기록은 영감된 기록인 점을 간과해선 안 된다. 노아 홍수의 기록에는 눈 여겨 보아야 할 특별한 기록들이 있다. 먼저 '아라랏 산'에 대한 기술은 매우 흥미롭다. 모세는 방주가 노아가 600세 되던 해, 7월 17일에 아라랏 산에 도착했다고 기록하고 있다(8:4). 현재의 아라랏 산은 터키와 이란과 아르메니아의 국경선에 걸쳐 있는 산으로 해발 5,160m와 3,920m의 두 봉우리를 가지고 있다. 그런데 한글 성경은 '아라랏 산'이라고 단수로 표기하지만 히브리어 성경원문에는 '아라랏 산들'이라고 복수로 표기되어 있다. 알다시피 모세는 하나님의 계시를 시내 산에서 받았는데, 시내 산은 아라랏 산으로부터 약 1,500km 떨어진 곳이고, 모세가 죽은 느보 산은 아라랏 산으로부터 약 1,280km의 거리인데 모세는 아라랏 산의 두 봉우리를 직접 눈으로 본 것처럼 정확히 복수형으로 표기한 것이다. 이 얼마나 놀라운 일인가? 이런 증거를 보고도 믿지 못한다면 그는 다분히 증거를 보고도 부인하는 고의범일 것이다. 고의범은 사실이 아니어서 믿지 않는 것이 아니라 마음속에 믿지 않겠다고 미리 작정하거나 믿고 싶지 않아서 믿지 않는 죄인을 가리킨다.

이제 노아의 홍수는 과연 어떻게 시작된 것인지 알아본다. 그렇데 많은 물들이 과연 어떻게 쏟아진 것일까? 창세기 7:11절을 보면 노아의 홍수는 '큰 깊음의 샘'이 터지고 '하늘의 창문들'이 열렸다고 한다. 그러니까 비만 많이 와서 홍수가 난 것이 아니라 두 가지 사건이 동시에 발생했다고 기록한다. 이 두 가지가 무엇을 의미하느냐를 알기 위해 먼저 창 1장에서 언급하고 있는 '궁창 위의 물'을 살펴야 한다. 성경대로 이야기하면 하늘의 창들이 열려 비가 땅에 쏟아졌다면 하늘 어딘가에 엄청난 물이 존재했다는 것을 의미한다. 이 물의 출처를 알기 위해 창 1:6, 7절을 본다.

"하나님이 이르시되 물 가운데에 궁창이 있어 물과 물로 나뉘라 하시고, 하나님이 궁창을 만드사 궁창 아래의 물과 궁창 위의 물로 나뉘게 하시니 그대로 되니라"

여기서 궁창이란, 우리 눈에 보이는 대기권을 말하므로 궁창 아래의 물은 지구상에 있는 바다나 강들이나 호수의 물들을 지칭한다. 문제는 '궁창 위의 물'이 무엇인가 하는 것이다. 어떤 학자들은 대기권에 있는 수증기나 물을 품고 있는 구름일 것이라고 추측한다. 그러나 이 정도 양으로는 궁창 아래의 물의 양에 비교해도 너무 차이가 나는 물이다. 구름이나 수증기 총량은 지표수 총량에 비하면 너무나 적은 양이라는 것은 과학에 대한 초보적인 지식만 가져도 알 수 있는 사실이다. 그러므로 오직 유일하게 가능한 추론은 '궁창 위의 물'은 오늘날에는 분명 존재하지 않지만 대홍수 이전에는 대기권 상층에 존재하다가 홍수 때 지상으로 쏟아져 내려온 물이라는 것으로 추정할 수 있다. 이 물이 아니고선 지구 전체를 물로 덮을 수 있는 물의 출처는 사실상 불가능하기 때문이다.

다음으로 '큰 깊음의 샘들'이 터졌다고 말한다. 이는 깊은 어딘 가로부터 솟아오르는 물이므로 과학적으로 보면 화산이 폭발하거나 지하수가 용솟음치는 것을 의미한다. 화산이 폭발하면 마그마 뿐 아니라 엄청난 화산재가 분출된다. 이 화산재는 강한 상승기류를 타고 대기권 상층까지 올라가는데 이 화산재들이 하늘의 수증기들을 응결시키고 점점 물방울이 커져 가면 구름 속의 물들을 뭉치게 하고 다시 강수가 되어 땅으로 비를 내리는 것이다. 이 원리를 가지고 오늘날 사용하는 것이 바로 '인공강우'이다. 그렇다면 '깊음의 샘들'이 터질 때 어느 정도의 위력을 발휘할까? 1981년 5월 18일 오전 8시 32분에 미국 워싱턴 주의 높이 2,250m의 세인트 헬렌스 화산이 폭발했다. 진도 5.1을 기록한 지진이 1857년 이래 잠자고 있던 헬렌스 화산을 123년 만에 깨운 것이다. 고요하고 청명한 하늘을 바라보며 주일을 맞이하던 사람들은 순식간에 아수라장이 되었다. 무려 9시간 동안 진행된 이 화산 폭발로 인해 사방이 암흑천지가 되었다. 폭발 직후 15분간은 시속 350에서 1,100km의 초강풍이 인근 숲과 집들을 초토화시켰다. 인근 500㎢ 지역 내에 있던 약 600만 그루의 나무들이 성냥개비처럼 뿌리 채 뽑히거나 쓰러졌고, 화산 먼지는 20km 상공의 성층권까지 솟아올라가 136km지점에 위치한 인구 51,000명의 아키마 시를 비롯해 시애틀을 비롯한 워싱턴 주의 도시들이 완전한 어둠에 빠졌다. 지진연구가들은 이 화산폭발의 위력을 계산했는데 히

로시마 원자탄의 500개에 해당하고 다이너마이트 1천만 톤에 해당한다고 발표했다. 이렇게 본다면 만일 이런 화산이 하나가 아니라 동시에 모든 지구상의 화산이 폭발한다고 가정하면 어떻게 될까? 그리하여 마그마를 비롯한 땅 밑의 모든 지하수들이 터져 나온다고 하면 지구는 과연 어떻게 될까? 감히 우리 머리로는 상상할 수 없는 극한 재앙이 되겠지만 한 마디로 지구는 물 천지, 화산재 천지, 폭풍과 회오리바람이 몰아치는 살벌한 곳이 될 것임은 틀림없어 보인다. 성경에 기록된 노아홍수가 이보다 더했으면 더했지 덜하지는 않았다고 보면 하나님의 심판이 얼마나 무서운 것인가를 다시 생각해 보아야 한다.

한편, 앞에서 우리는 노아의 홍수 때에 위의 물과 아래의 물들이 모두 쏟아져 나왔다고 설명했다. 그래도 우리는 의문이 사라지지 않는다. 제아무리 물이 홍수가 넘쳤다고 해도 과연 8,884m에 달하는 에베레스트 산까지 다 덮었다는 말인가? 하는 것이다. 과학자들의 실험결과 모든 물을 다 모아도 에베레스트는 커녕 5,160m의 아라랏 산도 덮지 못한다는 결론이다. 진화론자이자 고생물학자인 뉴웰의 주장에 의하면 에베레스트 산이 다 묻히려면 현재 총 지표 수량의 3배 이상의 물이 필요하다고 한다. 그러면 천하의 높은 산이 다 덮였다(7:19)고

한 성경의 기록은 엉터리인가?

이에 대답하기 위해 우리는 먼저 홍수 이전의 지구 모습이 지금의 지구의 모습과 똑같다는 고정관념에서 깨어나야 한다. 분명한 것은 대홍수 이전에는 현재와 같은 높은 산이나 깊은 해구가 없었다고 보아야 한다. 해구가 생긴 것은 깊은 곳에서 용암이 터져 나왔을 때 생긴 것이며, 높은 산들은 그 분출이 솟구쳐서 생긴 결과이다. 즉, 일시에 많은 화산들이 폭발함으로써 지하에 대규모 동공들이 생기고 이들을 메우기 위해 국부적으로 거대한 함몰이 일어나 깊은 해구가 생기고 함몰된 지각이 다른 지역의 융기를 일으킴으로써 높은 산과 산맥들이 형성되었다. 시편 104편은 이를 알기라도 하듯이 이렇게 노래한다.

"옷으로 덮음같이 주께서 땅을 깊은 바다로 덮으시매 물이 산들 위로 솟아올랐으나 주께서 꾸짖으시니 물은 도망하며 주의 우렛소리로 말미암아 빨리 가며, 주께서 그들을 위하여 정하여 주신 곳으로 흘러갔고 산은 오르고 골짜기는 내려갔나이다."(시 104:6-8)

이제 마지막으로 중요한 사실은 홍수 이전과 홍수 이후의 지

구 상태가 얼마나 달라졌는가 하는 것이다. 과연 홍수 전후로
달라진 것이 무엇인가?

먼저 홍수 이전의 상태에 대한 창 2:5-6의 기록을 먼저 본다.

"여호와 하나님이 땅에 비를 내리지 아니하셨고 경작할 사람도
없었으므로 밭에는 채소가 나지 아니하였으며 안개만 땅에서 올
라와 온 지면을 적셨더라"

이 기사는 홍수 이전에 안개가 존재했다고 보도한다. 물론
홍수 이전에 구체적으로 안개가 어떤 형태로 존재해 온 지면
을 적셨는가에 대해 상황은 분명하지 않다. 그러나 다음과 같
은 추론이 가능하다. 일반적으로 안개는 바람이 없어야 형성
된다. 바람은 지역과 지역 간의 기압의 차이에 의해 발생하
고 기압차는 온도차에 의해 발생한다. 그러므로 안개만 땅에
서 올라와 온 땅을 적셨다는 것은 지구상에 온도차가 별로 없
었음을 뜻한다. 온도차가 없었다는 것은 기압차가 거의 없었
다는 것이고 그러므로 바람이 없었다는 것이다. 그렇다면 우
리는 홍수 이후부터 급격한 기후 변화가 발생했음을 추정할
수 있다.

다음으로 달라진 것은 사람들의 수명이다. 노아 이전의 사람들은 대부분 900세 이상 살았다. 그렇다면 왜 홍수 이전의 사람들은 그렇게 오래 살았을까? 현재의 조건으로 인간이 몇백 년 이상 산다는 것은 불가능하다. 그러나 지구의 상태가 온도의 변화가 없고 사시사철 따뜻한 기후이며 사람에게 해로운 환경이 전혀 없는 곳이라면 이야기는 달라진다. 홍수로 인해 지구의 환경은 인간이 거주하기에 매우 불리한 곳으로 변한 것만은 틀림없다. 가장 결정적인 사례가 바로 노아와 아브라함의 수명이다. 성경의 족보와 기록된 연수를 계산해 보면 아브라함은 노아가 죽은 지 약 2년 뒤에 태어났다. 그런데 노아는 950세까지 살았지만(9:29) 홍수 이후에 태어난 아브라함은 겨우 175세까지 살았다(25:7). 이후 인간의 수명은 점차적으로 줄어들었다. 아브라함의 아들 이삭은 180세(35:28), 야곱은 147세(47:28), 요셉이 110세(50:22), 이후 모세가 약 120세(?), 여호수아가 110세(수24:29)를 살았고, 다윗 왕이 70세, 솔로몬이 약 60세 전후였고, 신약으로 넘어와서는 사도 요한이 사도들 중에선 가장 오래 살았는데 약 80~90세쯤으로 본다. 세대 간의 차이에서도 수명이 짧아진 것을 확연히 알수 있다. 마태복음의 족보는 열네 대 씩 구분하고 있는데 같은 열네 대임에도 아브라함부터 다윗까지는 911년이고, 다윗으로부터 바벨론 이주까지는 500년, 이주 이후부터 예수까지는 580년이다. 이를 평균적으로 계산하면 아브라함에서 다윗까지 한 세대가 65년임에 비해 이후 세대는 약 35-40년으로 줄어들었음을 알 수 있다.

　음식물에도 변화가 일어났다. 창 1장 29절에는 오직 채식만이 소개되었는데 이사야 11장 6-9절이 이를 잘 표현하고 있다. 그야말로 천국의 모습이 바로 이런 모습이다. 그런데 대홍수가 끝난 뒤 창세기 9장 3절에 보면 하나님이 육식을 허락하신다. 이후 인간은 육식으로 인해 성질이 난폭해지고 수명이 짧아졌다고 한다. 홍수 이전에는 지구 환경이 최적의 환경이라서 채식만으로도 얼마든지 체력을 유지하고 생존할 수 있었지만 홍수 이후 인간은 육식을 통해 고지방질을 섭취해야만 살 수 있게 되었다는 것이다.

　가장 큰 변화는 지구상에서 거인들과 큰 동물들이 사라진 것이다. 대홍수 이전의 것으로 추정되는 네안데르탈인이나 크로마뇽인의 평균 두 개골 크기는 1,650cc인데 이는 현대인의 1,500cc보다 약 10%이상 크다. 창세기 6장 4절의 네피림도 이와 같을 것으로 추정한다. 캐나다 맥매사터 대학의 링크 교수의 연구에 의하면, 홍수 이전에는 키가 3m, 몸무게 550kg에 달하는 거인 원숭이가 살았다고 한다. 뿐만 아니라 홍수 이전에는 공룡이나 암모나이트와 같은 거대한 파충류들이 살았으나 홍수 이후엔 환경에 적응하지 못하고 사멸했다고 한다.

마지막으로 살펴볼 것은 홍수 때 그 많던 물들은 어디로 사라진 것인가 하는 것이다. 창세기 8장 1절에는 "바람으로 땅 위에 불게 하시매 물이 감하였고"라고 기록하고 있다. 과학자들은 이를 근거로 실험을 했는데 150일 동안 지구를 덮은 모든 물(7:24)이 이런 식으로 줄어들고(8:3), 그리하여 약 11개월 만에(8:13) 모든 물이 다 사라졌을 리가 없다고 단언한다. 그렇다면 이 많은 물들이 그 짧은 기간에 어디로 사라진 것일까? 아직도 우리는 이 비밀을 풀지 못하고 있다. 그러나 성경에는 이 비밀을 풀 수 있는 단초가 계시되어 있다. 만약 당신이 성경이 무오한 하나님의 말씀이며, 실제 역사적 사실을 기록한 책이라고 믿으신다면 여기서 놀라운 해답을 얻을 것이다. 시편 24편을 본다.

"땅과 거기에 충만한 것과 세계와 그 가운데에 사는 자들은 다 여호와의 것이로다. 여호와께서 그 터를 바다 위에 세우심이여 강

들 위에 건설하셨도다"(1-2절)

　이를 근거로 보면 홍수 후 물이 어디로 사라진 것이 아니라 바로 물 위에 땅이 건설되었다는 것이다. 즉 하나님이 홍수를 통해 땅을 물속에 가둔 다음 다시 지각변동이나 여타의 방식을 통해 땅을 물 위로 끌어올린 것이라는 것이다. 놀랍게도 시편 기자가 이것을 노래하고 있다. 우리는 물이 사라진 것만 생각하지만 하나님은 물을 사라지게 한 것이 아니라 물은 그대로 두고 땅을 솟아오르게 하셨다는 것이다. 지금 지구의 7개 대륙이 모두 물 위에 떠 있다는 것은 이미 과학적으로 증명된 사실이다. 이것을 판구조론이라 하는데 대륙이 물 위에 떠 있으므로 움직이다가 부딪히는 현상이 바로 지진이다.

　결론적으로 성경은 인간의 상상물이 아니다. 인간의 지식과 지혜로는 하나님의 역사를 측정하고 헤아릴 수 없다. 하나님은 인간의 차원 너머에 계신 분이시다. 그러므로 성경에 기록된 홍수 심판의 이야기는 사실이다. 하나님은 거짓말하시는 분이 아니시다. 성경은 진실하신 하나님의 말씀이다. 무엇보다 이것을 믿는 것이 가장 중요하다.

노아의 방주: 길이 300 규빗, 너비 50 규빗, 높이 30 규빗(1 규빗은 약 45cm). 이 비율은 가장 이상적인 배의 규모로 정평이 나 있다.

네 번째 죄,

교만,
그리고 자기의 영광

네 번째 죄,

교만, 그리고 자기의 영광

"온 땅의 언어가 하나요 말이 하나였더라. 이에 그들이 동방으로 옮기다가 시날 평지를 만나 거기 거류하며, 서로 말하되 자, 벽돌을 만들어 견고히 굽자 하고 이에 벽돌로 돌을 대신하여 역청으로 진흙을 대신하고, 또 말하되 자, 성읍을 건설하여 그 탑 꼭대기를 하늘에 닿게 하여 우리 이름을 내고 온 지면에 흩어짐을 면하자 하였더니"(창11:1-4)

일을 하는 데엔 그 동기와 목적이 함께 개입된다. 물론 과정도 중요하다. 그래서 동기 즉 그 일을 하는 의도와 일을 진행하고 처리하는 과정과 결과를 '행위의 3요소'라 한다. 어떤 일이 좋은 평가를 받기 위해선 이 세 가지 요소가 잘 어울러져야 한다는 것이다. 예를 들어 제아무리 좋은 동기와 의도를 가지고 시작했다 해도 그 결과가 나쁘면 좋은 행동이 아니다. 반대로 아무리 좋은 결과를 얻었다 해도 나쁜 의도를 가지고 시작했다면 그것은 범죄에 불과할 뿐이다. 은행 강도가 소기의 목적을 달성했다고 하여 그 행위가 정당화되는 것처럼 말이다. 또 좋은 의도와 결과에도 불구하고 그 과정이 나쁜 것이라면 좋은 행위라고 평가받을 수 없다. 좋은 의도는 합당한 과정을 거쳐야 좋은 결과를 얻을 수 있다. 어려운 이웃을 돕기 위해 차를 끌고 목적지에 갈 때 교통신호를 위반하면서 빨리 간다고 하면 그의 행위가 정당화 될 수 없는 것과 같다.

　모든 인생들은 사람살이하면서 많은 실수와 시행착오와 잘못을 저지른다. 사람이라서 사람끼리 부딪치고 산다. 마음 맞는 사람끼리 서로 합심하여 아름다운 사회를 건설하는 경우보다 서로 싸우고 비난하고 원수처럼 여기며 지내는 경우가 허다하다. 내 마음에 드는 사람보다 내 마음에 들지 않는 사람이 훨씬 더 많다. 마음에 들지 않는다는 것은 싫어한다는 뜻이다. 사람은 자신이 좋아하는 사람과 어울리려 한다. 그러나 사람 공동체에는 언제나 내 마음에 드는 사람들만 있는 것이 아니다. 나와 비슷한 생각과 가치관을 가진 사람은 드물다. 서로 다른 것에 익숙하지 않은 사람은 사람살이가 더욱 힘들게 된다. 살풀이 하듯 매일 매순간 부딪치고 다투고 싸운다. 서로 내 것이 먼저라고 우기고 내 말을 먼저 들으라고 강요하고 말도 안 되는 논리를 내세워 상대를 제압하려 든다. 같은 하나님의 형상으로 지음을 받은 존재인데 이렇게 사람이 제각각이 된 것은 범죄로 인하여 전적으로 타락하고 부패하고 추악해졌기 때문이다. 서로를 신뢰하고 사랑하며 오직 하나님의 영광을 위해 살아야 하는 인생들이 본연의 의무를 저버리고 제 멋대로 살게 된 결과이다. 이런 인생에는 반드시 하나님의 심판이 따른다. 범죄에 대해 징벌이 있는 것은 당연한 이치다. 죄를 방치하는 것은 인류사회를 파괴하자는 것과 같은 맥락이다. 그런 점에서 홍수심판은 당연한 인과응보의 결과이다.

그런데 홍수 심판으로 인간 뿐 아니라 자연계도 심대한 타격을 입었다. 앞에서도 소개하였지만 지구의 상태는 마치 불량품처럼 그 완전성을 잃어버렸다. 찌그러진 과학기구처럼 그 기능이 크게 훼손되었다. 지구는 더 이상 인간에게 최적의 거주지를 제공하지 못하게 되었다. 그 모든 최상의 조건과 환경이 홍수로 인해 파괴되었다. 홍수 이후엔 최소한의 생존과 거주 조건이 남았다고 볼 수 있다. 홍수 이후 새로운 거주 환경에 살아남은 사람들은 노아와 그 가족 8명이었다.

왜 하나님은 노아와 그 세 아들들을 살려두었을까? 다 쓸어버리겠다고 하고선 왜 노아와 그의 가족들만은 살려두었는가? 당대에 완전한 자는 노아뿐이었다. 그렇다면 노아만 살려 두셔야 했다. 세 아들까지 당대에 의인이었다고 성경은 말하지 않는다. 의인이 아니기에 이들로부터 새롭게 시작된 인류는 다시 범죄하고 타락하고 온갖 악행을 저질렀다. 하나님이 이 사실을 모르시고 살려두신 것일까? 아니다. 아닐 것이다. 너무 슬픈 나머지, 너무 한탄하신 나머지 다 쓸어버리시겠다고 말씀은 그렇게 하셨지만 속으로는 인류를 완전히 멸하기로 마음먹지는 않았을 것이다. 자신이 직접 지은 지상 최고의 작품을 이대로 소멸시키기엔 하나님도 주저하셨을 것이다. 그만큼 인간에 대한 하나님의 애정은 끊을래야 끊을 수 없는 것이었을 것이다. 현실적으로도 노아 혼자만 살려 두실 수 없었던 이유도 있었을 것이다. 하나님은 이미 결혼하여 세 아들을 낳은 노아를 홀로 지내도록 하시기가 당신 스스로 민망했을 것이다. 어차피 노아로부터 새로운 인류를 시작하시려 하셨다면 노아와 그 가족들을 이용할 수밖에 없었을 것이다. 아마 노아는 늙어 더 이상 자녀를 생산치 못한 나이가 되었다면 하나님은 노아의 세 아들을 통해 새로운 구속사를 전개시키셔야만 했을 것이다.

또 사람들이 번성했다

홍수 이후 또 세월이 지났다. 땅 위에 사람들이 번식하고 증가하였다. 하나님의 말씀대로 생육하고 번성하고 땅을 정복하고 다스리는 지경에 이르렀다.

"하나님이 그들에게 복을 주시며 하나님이 그들에게 이르시되 생육하고 번성하여 땅에 충만하라, 땅을 정복하라, 바다의 물고기와 하늘의 새와 땅에 움직이는 모든 생물을 다스리라 하시니라"(창1:28)

이 말씀에는 인간에 대한 세 가지 생활명령이 담겨 있다. 첫째 명령은 '땅에 충만하는 것'이다. 이는 하나님이 창조하신 모든 땅, 즉 땅 끝까지 이르러 살라는 뜻이다. 이를 위해 하나님은 인간에게 생육하고 번성해야 한다고 말씀하셨다. 생육하는 것은 '파라'인데 이는 '열매를 맺다' '많이 낳다'는 뜻이고, 번성하는 것은 '라바'로서 '증가하고 확대하고 성장하다'는 뜻이다. 이에 따라 역사 안에서 인류는 기하급수적으로 그 수를 불리며 온 땅에 충만하게 되었다. 두 번째 명령은 '땅을 정복하는 것'이다. 히브리어 '카바쉬'라는 동사가 쓰였는데 이 단어는 주로 강제로 무엇을 짓밟거나 복속시킬 때 나타난다. 모든 자연은 인간의 생존을 위해 하나님이 마련해 주신 은혜의 선물들이다. 우리가 하나님이 주신 아름다운 자연환경을 훼손하지 않도록 자연계를 아끼고 돌보며 소중히 다루어야 하는 것은 기초 상식이다. 그런데 성경의 원래 뜻을 보면 강제적인 힘을 동원해서라도 자연을 정복하라는 것으로 해석된다. 그것은 제아무리 자연을 소중히 여기고 다룬다 할지라도 결코 자연 그 자체가 인간의 존재적 가치를 능가하지 못한다는 역설이 담겨 있다고 보아야 한다. 그런 점에서 자연은 인간을 위해 존재하는 것이지 인간이 자연을 위해 존재하지 않음이 분명하다. 나아가 인간이 자연을 숭배하거나 자연에게 굴복하는 것은 하나님의 명령을 거스르는 불순종의 행위이다. 본질적으로 자연은 그냥 자연일 뿐이다. 자연의 용도는 인간에게 생존의 요소를 제공하기 위해 만들어진 것이다. 그런 자연을 지나치게 애착하여 숭배하거나 그에게 굴종하는 것은 결코 하나님의 원래 뜻과 의도가 아니라는 것이다. 세 번째 명령은 '모든 생물을 다스리라는 것'이다. '다스리다'는 단어는 '라다'인데 앞의 '카바쉬'와 같이 폭력적인 뜻을 가지고 있다. 히브리어 '라다'는 욜3:13이나 시49:15 등에서 '포도주를 만들 때 포도를 짓밟다'는 뜻으로 사용되었다. 포도가 으깨지는 모습에서 상상할 수 있듯이 모든 생물을 그렇게 다루라는 것은 매우 거친 언사가 아닐 수 없다. 이 또한 땅을 정복하라고 하실 때와 마찬가지로 모든 생물들도 인간의 생존을 위해 주어진 은혜의 선물들로서 인간의 가치를 능가하지 못한다는 것을 의미한다고 보아야 한다. 그렇지 않고 문자적 해석으로 이 단어가 뜻하는 바를 그대로 시행한다면 그는 하나님의 진정한 뜻을 왜곡하는 자일 것이다.

어느새 땅 위에 사람들이 생육하고 번성하고 땅을 정복하게 되었다. 다시 말해 어느새 홍수 이전과 같이 많은 사람들이 태어나 땅에 충만한 상태가 된 것이다. 사람이 많다는 것은 한 곳에 뭉쳐 살기가 어렵다는 뜻도 된다. 자식들이 많은 집안의 경우엔 장성하면 외지로 나가 생업에 종사하는 일이 다반사이다. 좁은 집에서 모든 가족이 먹고 사는 것이 거의 불가능하기 때문이다. 수요보다 공급이 부족하면 새로운 수요를 창출하는 것은 기초적인 경제원리이다.

사람들의 수가 불어나자 이들 중 일단의 무리가 동방으로 새로운 정착지를 찾아 나섰다. 그러다 도중에 그들은 좋은 땅을 찾아내었다. 이름 하여 '시날 평지'였다(창11:2). '동방으로 옮겼다'는 말은 정확한 방향과 지역은 알 수 없지만 노아의 방주가 머문 아라랏 산을 기준으로 동쪽지역을 가리키는 것으로 보인다. 그 동방지역에 '시날'(히. 시나르)이라는 평지가 있었다. 다수의 학자들은 이곳을 유브라데(유프라테스) 강과 티그리스 강 사이에 있는 비옥한 수메르 평원으로 본다. 이곳에 도착한 일단의 무리는 날로 번성하여져서 훗날 이들에 의해 거대한 바벨론 제국이 건설되었다고 역사가들은 분석한다.

그런데 이들은 또 어떤 짓을 하는가? 창 11:3-4에서 이들의 엉뚱한 행위를 목격하게 된다. 먼저 이들은 서로 벽돌을 굽자고 의견의 일치를 본 다음, 그 벽돌로 성읍과 탑을 건설하기로 하였다. 보통은 벽돌을 쌓을 때 진흙을 이겨 벽돌이 붙어 있도록 하는데 이들은 진흙 대신에 역청을 가지고 접착제로 대용하였다. 나름대로 머리를 짜서 만들어 낸 문명의 기술인데 얼마나 높이 쌓았는지 그 꼭대기를 하늘에 닿게 할 정도라고 성경은 기록한다(창 11:4).

그렇다면 이들은 지금 여기서 왜 탑을 쌓고 있는가? 그 목적이 4절에 소개되는데 두 가지로 정리된다. 하나는 되도록 높이 쌓아서 자신들의 이름을 내자는 것이고, 다른 하나는 서로 흩어져 살지 말고 이 탑을 중심으로 똘똘 뭉쳐 살기 위해서라는 것이다. 이건 또 무슨 말인가? 왜 이름을 내고자 했으며, 왜 똘똘 뭉쳐 살고자 했는가? 탑을 높이 쌓으면 이름을 알리는 일이며 탑이 있으면 흩어지지 않는다는 논리는 어디에 근거를 두고 하는 말인가?

먼저 이를 해결하기 위해 이 지역에 세워진 탑(塔, tower)에 대한 기초 지식을 가져야 한다. 그리고 탑과 이름의 상관관계를 살펴야 한다. 일반적으로 이 지역에 세워진 탑을 역사가들은 지금도 그 유물과 유적이 남아 있는 지구라트(Ziggurt)의 일종일 것으로 본다. 물론 그 형태는 후대로 갈수록 발전하여 그 규모가 점점 더 커졌을 것이다. 지구라트는 고대 메소포타미아 시대의 건축물로서 신전에 해당한다. 하늘에 있는 신들과 지상의 인간들을 연결시키기 위하여 초기부터 지표보다 높게 설치하였으며 정상부에 신상을 모신 성소가 있는 것이 특징이다. 가장 초기의 것은 수메르 초기왕조시대인 주전 2,700년 전으로 거슬러 올라가는데 창세기 11장의 이야기를 대략 주전 3천여 년경으로 보면 시날 평지에 사람들이 쌓았던 탑과 지구라트의 연관성을 엿볼 수 있다고 할 것이다. 고대에서 이와 필적할만한 건축물은 이집트의 피라미드가 있다.

한편, 이러한 탑의 문화는 인도에서 융기한 불교에 스며들어와 융성해지기 시작했다. 불교의 창시자 석가모니가 열반에 든 뒤 제자들이 그 사리를 담아 무덤을 만들었는데, 이후 사리를 여러 곳으로 옮기면서 여러 형태의 탑이 생겼다고 한다. 처음엔 네모난 기단을 다진 다음 그 위에 둥근 구조물을 얹은 모양이었는데 이 구조물이 중국과 한반도를 흘러 들어오면서 여러 가지 형태로 분화하고 발전했다고 한다. 특히 사찰 등에서 탑은 불자들에게 하나의 신앙 표지물로 존재하고 있다.

중요한 것은 역사적으로 탑은 인간이 자신 혹은 자신이 속한 공동체의 이름을 널리 알리고자 할 때 사용된 도구라는 것이다. 이러한 탑은 작게는 주인의 위명을 뽐내고자 집 앞에 세우는 무릎 크기의 지표석에서부터 시작하여 망자의 무덤 앞에 세우는 비석도 포함되고, 또 영험한 산이나 산신령이 산다고 하는 산의 길목에 세우는 돌탑들도 있고, 사찰에서 세운 탑들, 예를 들어 우리나라의 황룡사, 미륵사, 분황사, 불국사 등에 세워진 목탑과 석탑들도 있으며 후대로 갈수록 기술의 발전과 함께 높이가 확장되어 고려시대 중기에는 경천사 10층 석탑을 쌓는 데까지 발전하였고 현대에 이르러서는 고층빌딩을 쌓는 기술로 발전하였다. 이 모든 탑과 고층빌딩들은 근본적으로 자신의 위업을 알리고 자신의 영광을 추구하기 위한 하나의 표지라는 사실이다. 2016년에 지어진 102층 높이의 잠실 롯데호텔은 롯데그룹의 위상을 알리는 대표적인 빌딩 탑이다.

이러한 탑은 고대로부터 사람들에게 하나의 중심지 역할을 했다. 탑이 있는 곳에 사람들이 몰려들었고, 탑을 중심으로 동서남북 지리를 결정했으며, 먼 지역으로 여행을 가더라도 높은 탑은 등대처럼 자신의 위치를 확인시켜주는 역할을 하였다. 그런 점에서 창 11장의 사람들도 탑을 쌓고 이 탑을 쌓은 자신들 스스로 자부심을 가지고 자신들의 이름을 뽐내었음에 틀림없다. 유대인 철학자 필로(Philo)는 당시 사람들이 각자 벽돌에다 자신들의 이름을 새겼다고 했다. 아이러니하게도 자신의 이름이 영원히 새겨지길 바랐던 바벨탑의 이름들은 지금 흔적도 없이 사라졌지만 반대로 자신을 드러내지 않고 주를 위해 묵묵히 주어진 일에 투신했던 주의 종들의 발자취와 명성은 길이 남아 빛나고 있다. 예수님이 베다니 나병환자 시몬의 집에 계실 때 한 여자가 매우 귀한 향유 한 옥합을 가지고 나와 예수의 머리에 붓자 사람들은 저 비싼 향유를 낭비한다고 분개했지만 오히려 주님은 이 여인이 자신의 장례식을 미리 행한다고 하시면서 이렇게 말씀하셨다.

"내가 진실로 너희에게 이르노니 온 천하에 어디서든지 이 복음이 전파되는 곳에서는 이 여자가 행한 일도 말하여 그를 기억하리라 하시니라"(마26:13)

하나님은 겉모습을 보시고 판단하시지 않으시고 한 사람의 마음의 중심을 보신다. 주님은 바리새인들의 외식과 위선을 질타하셨다. 비록 보잘 것 없는 행색을 한 여인이었지만 주님은 그 여인의 진실하고 순결한 믿음을 보시고 영원토록 그녀를 축복하셨다. 그녀는 하나님이 주신 믿음의 눈으로 주님을 바라보고 그분이 바로 우리 죄를 대신하여 죽으실 구세주이심을 분명히 알고 믿었던 것이다. 그러나 사람들은 그녀의 행위만 보고 판단했다. 그들은 하나님의 일이 아니라 자신들의 일을 더 우선시하였다.

하나님은 바로 이 점을 예의 주시하셨다. 하나님은 자신이 창조한 인간들이 오직 하나님 영광을 위해 사는 인생들이 되기를 바라시었다. 그것이 인생의 목적이고 그런 인생을 살 때에 복을 주신다고 약속하셨다. 영국 웨스터민스터 교회회의(1643~1649)를 통해 작성된 소요리문답 제1번은 인생의 목적에 대해 이렇게 기술한다.

"사람에게 최고의 목적은 무엇입니까?"

"사람에게 최고의 목적은 하나님을 영화롭게 하는 것과 영원토록 그를 즐거워하는 것입니다."

자신의 영광

그러나 범죄 후 완전히 타락한 인간은 하나님의 영광보다 자신의 영광을 앞세우는 존재가 되었다. 시날 평지에 정착한 이들도 마찬가지였다. 고대 바벨론 왕조로 추정되는 당시 이들의 지도자(보통 창10:8에 등장하는 '니므롯'으로 말한다)는 어느새 권력을 손에 쥐고 스스로 군주의 자리에 올라 자신의 명예를 펼칠 엄청난 기념비를 세울 목적으로 바벨탑 건설이라는 방대한 건축공사를 실시한 것이다.

이러한 인간의 교만과 명예욕의 결과로 이곳 시날 땅 바벨론은 훗날 사치와 향락과 방종과 우상숭배의 중심이자 육신의 정욕으로 대표되는 세상 왕국의 상징이 되었다. 성경은 이러한 바벨론의 정체에 대해 수없이 많은 고발장을 쓰고 있다.

"열국의 영광이요 갈대아 사람의 자랑하는 노리개가 된 바벨

론이 하나님께 멸망당한 소돔과 고모라 같이 되리니"(사13:19)

"여호와의 말씀이니라 칼이 갈대아인의 위에와 바벨론 주민의 위에와 그 고관들과 지혜로운 자의 위에 떨어지리라"(렘50:35)

결국 이 바벨론과 바벨론을 추종하던 땅의 모든 왕들은 세상 끝 날에 이르러 철저히 무너지고 멸망하여 저주받은 곳이 된다.

"힘찬 음성으로 외쳐 이르되 무너졌도다 무너졌도다 큰 성 바벨론이여 귀신의 처소와 각종 더러운 영이 모이는 곳과 각종 더럽고 가증한 새들이 모이는 곳이 되었도다. 그 음행의 진노의 포도주로 말미암아 만국이 무너졌으며 또 땅의 왕들이 그와 더불어 음행하였으며 땅의 상인들도 그 사치의 세력으로 치부하였도다 하더라"(계18:2-3)

성읍을 쌓고 탑을 쌓아 이름을 내고자 한 타락한 인간 군상을 보라. 이 말 속에 무엇이 담겨 있는가? 인본주의를 바탕으로 허망하기 짝이 없는 명예욕 외에 무엇을 발견할 수 있는가? 인본주의는 한 마디로 하나님을 부인하거나 필요 없다고 하거나 싫어하는 모든 인간의 사상이다. 흔히 인본주의를 무신론으로 분류하지만 그러나 엄밀히 말해서 인본주의는 무신론이 아니다. 그것은 자기를 신앙하는 자기우상숭배주의(Self Idolism)이다. 이 '자기우상'은 자식에게로 그대로 유전되어 '자식우상'을 낳는다. 자식을 하나님이 자신을 통해 낳게 하신 하나님의 자녀라고 믿지 않고 자신의 분신이자 자신의 소유물로 생각한다. 그야말로 원죄의 뿌리에서 모든 죄악이 잉태되고 이 죄악들이 인간의 육체의 소욕으로 나타나 인간의 타락을 낳고 타락으로 생긴 인본주의는 또 다른 인본주의를 낳는다.

교만

한편으로 '이름을 내자'는 명예욕의 하나이지만 근본적인 뿌리는 교만(arrogance)이다. 교만은 인간 앞에서와 하나님 앞에서 모두 자기를 높이는 거만함이다. 잘난 체 하는 것, 겸손하지 않고 방자히 행하는 것, 자기 능력을 과신하고 자기를 최고로 자랑하는 것 모두가 교만이다. 또 교만은 하나님 앞에서 하나님을 드러내는 것이 아니라 자신을 드러내는 것이다. 하나님의 은혜와 도움 없이도 자신이 충분히 살 수 있다고 자처하는 독선적 행위이다. 결국 교만은 자신을 극한 지점까지 끌어올려 하나님의 자리에 자신이 앉고자 하는 행위이다. 성경은 이런 교만을 하나님 앞에서 최고의 범죄 행위로 간주한다.

"주께서 곤고한 백성은 구원하시고 교만한 눈은 낮추시리이다"(시18:27)

"주 만군의 여호와의 말씀이니라 교만한 자여 보라 내가 너를 대적하나니 너의 날 곧 내가 너를 벌할 때가 이르렀음이라"(렘 50:31)

성경에는 교만함으로 하나님을 대적하다가 실패한 인생들이 수없이 소개된다. 이스라엘 백성들을 애굽에서 내 보내라는 하나님의 명령을 거부한 바로 왕(출 5:2), 에스더 당시 유대 민족을 전멸시키려던 바사 제국의 하만 총리(에 3:5), 신으로 자처하다 느부갓네살 군대에게 멸망당한 두로의 왕(겔 28:2-9), 자신이 건설한 제국의 위용을 과시하다 정신 질환에 걸려 짐승처럼 살게 된 바벨론의 느부갓네살 왕(단4:30) 등이 대표적인 인물들이다. 누구보다 교만은 사탄의 다른 이름이다. 사탄이 바로 이런 일을 하다가 하나님으로부터 추방당했다. 유다서 1장 6절이 이를 증언한다.

"또 자기 지위를 지키지 아니하고 자기 처소를 떠난 천사들을 큰 날의 심판까지 영원한 결박으로 흑암에 가두셨으며"

교만은 자기의 지위와 처소를 이탈하는 것이다. 모든 인간은 각자 주어진 자리가 있고 주어진 사명이 있고 주어진 신분이 있고 주어진 분깃을 가진다. 이것은 하나님의 주권적 작정으로 말미암은 것이다. 이것을 어기는 것은 하나님의 작정을 어기는 행위다. 이것은 불법이다. 모든 불법은 하나님을 대적하는 범법행위이다. 그러므로 교만은 불법이요 저 '불법의 존재'에게서 기인한 영적 발암물질이다. 교만이라는 이 발암물질을 가지면 치명적인 암에 걸린다. 교만이라는 영적 질병의 가장 큰 문제점은 속히 하나님의 은혜를 잊어버린다는 것이다. 교만은 배부르고 풍족함을 느낄 때 찾아드는 질병이다. 육체의 암도 일종의 사치병이다. 또 교만은 오직 자기에게 초점을 맞추어 자기의 자랑과 유익을 생각하도록 만들기에 교만의 세계엔 하나님이 차지할 자리가 없어진다. 하나님은 모세를 통해 백성들이 교만하여져서 자신을 잊어버릴까 염려하셨다.

"네 마음이 교만하여 네 하나님 여호와를 잊어버릴까 염려하노라 여호와는 너를 애굽 땅 종 되었던 집에서 이끌어내시고"(

신8:14)

교만한 자는 교만한 혀를 놀린다. 자기를 높이고 자기를 앞세우고 자기에게 유리한 위치를 고수하고 높은 자리에 앉고 자기를 드러내는 일에 천재적으로 발동한다. 그러나 사무엘의 어머니 한나는 사무엘이 교만한 말을 입 밖에 내지 않기를 소원하고 기도했다.

"심히 교만한 말을 다시 하지 말 것이며 오만한 말을 너희의 입에서 내지 말지어다 여호와는 지식의 하나님이시라 행동을 달아 보시느니라"(삼상2:3)

인간의 패망은 교만에서 시작된다. 교만한 자는 높이 올라가지만 뿌리가 없기에 금방 쓰러진다. 작가 이문열은 '추락하는 것은 날개가 없다'고 하였다. 높이 오를수록 땅에 떨어지는 고통이 더 큰 법이다. 교만한 자의 멸망은 다른 사람의 멸망보다 훨씬 그 고통이 클 것이다. 남 유다의 여덟 번째 왕 아마샤는 에돔을 쳐서 이기자 스스로 교만하여 한창 강성해지기 시작한 북 이스라엘을 깔보고 요아스 왕에게 사자를 보내어 자신의 딸과 요아스 왕의 아들을 결혼시키라고 명령하자 점잖은 요아스 왕은 아마샤에게 이렇게 경고했다.

"네가 에돔을 쳐서 파하였으므로 마음이 교만하였으니 스스로 영광을 삼아 왕궁에나 네 집으로 돌아가라 어찌하여 화를 자취하여 너와 유다가 함께 망하고자 하느냐"(왕하14:10)

교만한 자의 귀는 닫혀 있다. 아마샤의 귀에 요아스의 경고가 들릴 리가 없다. 아마샤는 자신의 제안을 거절하는 요아스 왕에게 분노하고 기어이 전쟁을 일으켰다. 그러나 그 결과는 참혹한 것이었다. 벧세메스 전투에서 아마샤 왕은 포로로 잡혔다. 북의 요아스 왕은 승전의 대가로 예루살렘 성벽을 에브라임 문에서부터 성 모퉁이 문까지 400 규빗을 헐었다. 그리고 성전과 왕궁에 있는 금은과 모든 기명을 탈취하고 왕궁의 사람들을 볼모로 잡아 사마리아로 돌아갔다. 한 사람의 교만한 행동이 불러온 이 결과는 한 사람이 책임지기엔 너무나 가혹한 것이다.

교만의 결과는 패망이다(잠15:18). 하나님은 마음이 교만한 자를 미워하신다(잠16:5). 사도 바울은 로마 교인들에게 각 사람은 마땅히 생각할 그 이상의 생각을 품지 말고 오직 하나님이 각 사람에게 나누어 주신 믿음의 분량대로 지혜롭게 생각하라(롬12:3)고 충고했다. 자기 자리에 만족하지 못하고 높이 올라 하나님이 자리를 탐내다 하나님으로부터 추방당한 사탄처럼 모든 교만한 인간의 최후는 추락이요 멸망이다. 교만한 자는 결코 지상에서도 성공할 수 없다.

하나님의 판결

그리스도인은 주님의 이름표를 달고 사는 무한한 인격체이자 하나님의 형상이다. 모든 하나님의 자녀는 자신의 이름이 아니라 주님의 이름을 위해 살아야 하고, 자신의 자리를 주님에게 내어 드리며, 주님을 자기 인생의 주인으로 모셔야 한다. 자기 이름을 내기 위해 성읍을 건설하고 탑을 쌓을 것이 아니라 하나님의 영광을 위하여 자기 이름은 숨기고 주님의 이름이 적힌 깃발을 들고 하나님나라의 영원히 사라지지 않을 거룩의 탑을 쌓아야 한다. 그리고 모든 하나님의 자녀는 이 세상에서 가장 낮은 자리에 위치하고 존재하고 섬기는 자로서의 인생을 숙명처럼 여기고 살아야 한다. 하루라도 섬기는 인생이 아니면 그는 교만한 일을 한 사람이다. 잠시라도 자기 영광을 구하고 다른 이에게 대접받으려 한다면 그는 자기의 유익을 구한 자기우상숭배자이다.

그런데 이 모든 범죄의 원인을 하나님은 오직 한 가지로 규정하셨다. 창 11:6-9를 보라.

"여호와께서 이르시되 이 무리가 한 족속이요 언어도 하나이므로 이같이 시작하였으니 이후로는 그 하고자 하는 일을 막을 수 없으리로다. 자, 우리가 내려가서 거기서 그들의 언어를 혼잡하게 하여 그들이 서로 알아듣지 못하게 하자 하시고, 여호와께서 거기서 그들을 온 지면에 흩으셨으므로 그들이 그 도시를 건설하기를 그쳤더라. 그러므로 그 이름을 바벨이라 하니 이는 여호와께서 거기서 온 땅의 언어를 혼잡하게 하셨음이니라 여호와께서 거기서 그들을 온 지면에 흩으셨더라"

이 내용은 시날 평지에 모여 자신들의 영광을 드러내기 위해 성읍과 탑을 쌓는 일에 대한 하나님의 보응이다. 하나님은 이러한 일들이 곧 자신에 대한 반역함으로 보신 것이다. 이것을 세 가지로 정리하면 다음과 같다.

첫째, 시날 평지의 무리가 한 족속임을 지적하셨다. 이 한 족속은 누구를 가리키는가?

셈의 후예들의 정식 계보는 창 11장에 기록되어 있지만 창 10장에는 특별히 '에벨 온 자손의 조상'으로서 셈이 등장하고 있는데 여기서 특별히 주목해야 할 인물은 에벨이 낳은 두 아들로서 하나의 이름은 벨렉이며, 다른 아들은 욕단이다. 그런데 성경은 큰 아들 벨렉의 때에 드디어 세상이 나뉘었다고 보도한다(창10:25). 아마 벨렉과 아우 욕단이 서로 떨어져 살게 된 동기를 말하는 것으로 보인다.

그런데 벨렉과 그 후손들이 정착한 지명은 나타나지 않지만 형 벨렉으로부터 떨어져 나온 욕단과 그 후손들은 메사에서부터 스발로 가는 길의 동편 산에 거주했다고 보도하고 있다. 아마 벨렉은 조상 대대로 지켜온 지역에 남았을 것으로 보이고 아우 욕단은 형을 떠나 동쪽으로 발걸음을 옮겼을 것으로 본다. 그런데 이들이 도착한 곳은 평지가 아니라 산지였다. 여기서 우리는 시날 평지를 점령한 일단의 족속과 욕단의 무리가 다른 족속임을 유추할 수 있다. 그렇다면 시날 평지에 모여 성읍과 탑을 건설한 이 족속은 셈과 에벨과 벨렉의 후손이 아니다.

그러면 시날 평지에 모인 이들은 누구인가? 그 해답의 단초를 찾기 위해 우리가 유일하게 들여다 볼 수 있는 성경의 기록은 창 10:8-12에 있다. 그 주인공이 바로 니므롯이다. 알다시피 니므롯은 함의 장자인 구스가 또 다른 여인(?)에게서 낳은 아들이다. 그는 세상에서 첫 '깁볼'(용사)이었다. 이 말은 니므롯이 이 지역과 족속을 다스리는 통치자였음을 간접적으로 알려주는 것이다. 그리고 하나님 앞에서 '용감한 사냥꾼'이었다. 이 말에는 매우 복합적인 의미가 깔려 있다. 문자적으로 보면 사냥꾼은 짐승을 난폭하게 잡는 것으로 볼 수 있지만 이 단어가 내포한 의미는 사람의 사냥꾼, 즉 전쟁에서 사람의 생명을 죽이는 용사로 볼 수 있다. 고대의 문서 등에는 전쟁 영웅들을 가리켜 일반적으로 '사냥꾼'(차이드)이라 하였다. 실제로 성경의 기록을 보아도 니므롯이 전쟁의 영웅임을 알 수 있다. 그의 나라는 메소포타미아의 여러 지역을 통괄하는 것으로 나타나는데 먼저 남부 갈대아 지역의 시날(10:10, 시날은 곧 바벨론이다)에서 출발하여 계속 영토를 넓혀 갔으며 북쪽으로 진군하여 셈의 둘째 아들과 그 후손들이 정착한 앗수르를 침공하여 그곳에 니느웨와 르호보딜, 갈라, 레센 등의 큰 성읍을 세웠다. 이렇게 하여 니므롯은 고대세계에서 가장 강력한 바벨론제국의 창설자가 된 것이다. 유대인 역사가인 요세푸스(Josepphus)는 니므롯을 바벨탑을 쌓도록 명령한 인물이라 하였다.

둘째, 단일 언어를 여러 언어로 나누어 서로 알아듣지 못하도록 하시었다.

말이 통한다는 것은 서로 마음을 하나로 맞추어 생각을 같이 하는 근원이 된다. 시날 평지에 모인 무리는 같은 말을 하였기에 쉽게 성읍을 건설하고 탑을 쌓는 일을 시작할 수 있었다. 6절에 있는 '족속'은 '합치다' '같이 동여매다'란 뜻을 가진 '아맘'에서 유래했는데 이는 '동질성이 강한 집단'이란 뜻이다.

그러나 하나님에 의해 갑자기 서로 다른 말을 하자 큰 장벽이 생겼다. 결국 인간의 교만과 탐욕을 지켜보시던 하나님은 인간 세상에 강림하시어 그들의 언어를 혼잡케 하셨다(7절). 여기서 눈여겨 볼 점은 일종의 감탄사에 헤딩하는 '자'라는 단어이다. 이 단어 '하바'는 4절에서도 악한 생각으로 바벨탑을 쌓는 인간들이 서로를 격려하면서 사용한 적이 있는 단어이다. 좀 더 자세히 말하자면 인간들이 자신들의 뜻과 의지를 모아 서로 다짐했듯이 하나님도 의지를 다지는 형국이다.

그런데 여기서 하나님은 자신을 가리켜 '우리'라는 1인칭 복수대명사를 사용하신다. 하나님께서 자신을 가리켜 '우리'라고 한 것은 삼위일체 하나님을 반영하는 증거라고 할 수 있다. 이것은 하나님이 전심전력을 기울여 이 사태를 해결하려는 강력한 의지를 표현한 것이기도 하다. 세상에 어느 누가 하나님의 강력한 뜻과 의지를 가로막고 나설 수 있는가!

하나님은 인간들의 언어를 혼잡하게 만들었다. '혼잡케 하다'의 히브리어 '빨랄'은 하나님께 바치는 제물을 만들 때 고운 가루에 기름을 섞는 것을 나타낼 때 사용된 단어이기도 하다. 즉, 이 단어의 뜻은 마구 뒤섞이어 구분이 불가능하게 만드는 것을 의미한다. 그러나 이것을 언어적 특성에 대입하여 해석하는 것은 무리다. 즉, 지금처럼 언어가 다양하게 분화한 시초가 언어를 섞었기 때문으로 해석하는 것은 곤란하다는 뜻이다. 언어를 섞었다는 것이 아니라 서로 다른 언어들이 갑자기 나타남에 따른 혼잡한 상황이 발생했다고 보아야 옳다. 상상해 보라. 서로 다른 언어들을 사용하는 사람들은 다른 사람이 무슨 말을 하는지 도무지 알아듣지 못하는 상황 앞에서 놀라고 충격을 받았을 것이다. 사람들 사이에 갑자기 어지러운 언어들이 마구 뒤섞여 나타났다. 공사를 지시하던 감독관의 목소리는 전혀 알아들을 수 없는 소리가 되고 일꾼들은 답답한 나머지 가슴을 치며 서로를 향해 고함을 치는 사태가 발생했다. 이 어지러운 상황을 한 마디로 표현한 말이 '그들의 언어를 혼잡케 하다'이다.

셋째, 하나님은 무리를 온 지면에 흩으셨다.

'흩어지다'의 '푸츠'는 '산산이 깨어져 조각이 나다'라는 뜻으로 더 강력한 뜻을 전해준다. 다시 말해 유리그릇이 바닥에 떨어져 산산이 부서짐으로써 그 조각을 다시 이어 맞출 수 없게 되듯이 시날 평지의 사람들 사이에 균열이 일어나 뿔뿔이 흩어지게 되었다는 것이다.

물론 우리는 성경이 제공하는 제한적인 정보로 인해 이 때 얼마나 많은 서로 다른 언어들이 나타났는지, 사람들이 어느 지역으로 흩어졌는지 등에 대해 자세히 알지 못한다. 추측컨대 사람들은 동일한 언어를 사용하는 그룹으로 나뉘어져 흩어졌을 것이다. 나아가 같은 언어를 사용하는 사람들끼리 모여 하나의 새로운 부족과 민족을 형성했을 것이다.

여기서 우리가 얻을 교훈 중 하나는 이 지상에서 인간이 정착할 곳은 한 곳도 없다는 것이다. 지상의 집은 임시로 거주할 공간에 불과하다. 범죄 이후 인간은 에덴동산을 잃어버리고 지상에서 영원한 삶을 살 수 없게 되었다. 영원한 삶은 하나님나라 안에 있다. 하나님을 떠난 인생의 종착역은 지옥일 뿐이다. 그러나 비록 지상에서의 짧은 인생일지라도 이 땅의 기간을 어떻게 보내느냐에 따라 영생과 영벌이 결정된다는 것을 생각할 때 지상에서의 인생이 영원을 결정하는 결정적인 단초가 된다는 것이다. 그리스도인의 여정은 하나님의 집으로 향한다.

한편, 세상의 철학은 '뭉치면 살고 흩어지면 죽는다'이다. 그러나 하나님의 나라에서는 그 반대가 되는 경우가 허다하다. 하나님은 인류가 땅 끝까지 이르러 땅을 정복하고 그곳에서 생육하고 번성하여 땅을 다스리고 살기를 원하신다. 특히 복음은 땅 끝까지 이르러 모든 사람의 귀에 들려야 한다. 그래야 하나님이 준비한 믿음을 듣는 자들에게 선물로 줄 수 있다.

"누구든지 주의 이름을 부르는 자는 구원을 받으리라. 그런즉 그들이 믿지 아니하는 이를 어찌 부르리요 듣지도 못한 이를 어찌 믿으리요 전파하는 자가 없이 어찌 들으리요"(롬10:13-14)

이 일을 위해 하나님은 당신의 일꾼들이 각지로 흩어져 나아가 자신에게 주어진 사명을 완수하기를 원하신다. 그러나 인간들은 이리저리 돌아다니다가 결국 자기 마음에 든 지역을 찾아 그곳에 정착하고 안주하기를 원한다. 자신이 눌러 앉아 살고픈 곳이 바로 자신이 바라는 지상낙원이라고 착각하기 때문일 것이다.

결국 하나님에 의해 자기 영광을 구하고자 시도한 모든 인간의 행위들은 산산 조각처럼 깨어지고 말았다. 그들이 시행하던 모든 공사는 중지되고 마치 공룡의 뼈처럼 앙상한 모습만 남긴 채 자기들도 알지 못하는 먼 지역으로 생이별을 하고 말았다. 자기 영광과 교만의 자리를 탐내는 인간의 말로는 너무 뻔하다. 그럼에도 오늘도 인생들은 육신의 정욕을 불태우기 위해 불나방처럼 타 죽을 불꽃을 향해 무모한 도전을 하고 있다. 정욕이 불타면 재만 남을 것이다.

이런 인생들에게 경고의 사이렌이 울려야 한다. 그러나 어느새 한국 사회는 이 무모한 인생들을 향해 아무도 'stop'이라 부르짖지 않는다. 하나님은 교회에게 이 사명을 맡겼음에도 교회로부터 더 이상 진리의 나팔소리가 들리지 않고 있다. 교회 십자가의 불빛은 더 이상 혼란한 세상을 인도하는 등대가 되지 못한다. 등대는커녕 점점 세상에서 꺼져가는 등불이 되어가고 있다. 이것이 오늘의 현실이다.

지옥으로 표현되는 히브리어 '스올'(헬. 하데스)은 '동굴'이나 '구멍' 혹은 '깊은 곳'을 뜻한다. 다른 말로 '게헨나'가 있는데 이는 '악인들을 위한 특별한 징벌 장소'를 뜻한다.

죄의 해결

죄의 해결

에덴동산에서 추방당한 인간의 삶은 이후로도 계속되었다. 창 11장에 기록된 족보에서 보듯이 자손을 낳고 또 자손을 낳아 하나의 계통을 이루며 지상에서의 삶을 영속해 갔다. 비록 한 개인의 생명의 기간은 단축되고 유효기간 안에서만 효력을 발휘하는 것이 되었지만 인간은 자기 자신을 영원히 잃어버리지 않기 위해 자손으로 이어지는 혈통적 유전을 통해 또 다른 자기를 만드는 방식으로 자기를 영속화하고자 하였다.

그러나 제아무리 자식을 통해 자기를 살려보고자 하지만 자기와 자손은 엄연히 다른 별개의 인격체 일뿐이다. 하나님의 주권적 입장에서 보면 부모는 새로운 하나님의 자녀를 낳기 위해 쓰임 받은 도구요 수단이다. 만약 그렇지 않다면 예수님도 마리아의 제2의 분신이거나 또 다른 마리아의 형상이 될 것이다. 마리아는 마리아이고 예수님은 예수님이시다. 자손을 낳는다는 것이 결코 제2의 형상이거나 또 다른 자기의 출생이 아니다. 물론 하나님은 육신의 부모의 DNA를 도구로 삼아 자녀들을 만드신다. 그래서 부모와 자식은 닮는다. 그러나 닮는다고 하여 그 인격체가 연결된 것은 아니다. 인간은 비록 부모를 통한 출생의 방식에 의해 탄생한다 해도 하나님 앞에선 모두가 하나의 독립된 인격체이다. 그러므로 모든 인간은 출생하자마자 독립된 인격체임과 동시에 독립된 죄인이기도 하다.

그러나 아담의 원죄는 모든 인간에게 바로 이 숙명적인 죄의 굴레를 선사하였다. 인간은 태어나면서부터 원죄라는 죄의 굴레를 쓰고 죄의 지배를 받으며 사는 것이다. 김남준은 인간에 대한 죄의 지배는 절대적 지배와 상대적 지배로 나뉜다고 한다('죄와 은혜의 지배', 생명의 말씀사, 33-34p.). 즉, 거듭나지 않은 불신자들은 항상 죄의 절대적인 지배 아래 놓여 있고, 거듭난 신자들은 죄의 상대적 지배 아래 있다고 한다. 상대적 지배란, 죄가 그에게 어느 정도 영향은 끼치지만 그를 완전히 지배하지는 못한다는 뜻이다. 왜냐하면 거듭난 신자의 경우엔 중생과 함께 죄와 사망의 법에서 생명의 성령의 법으로 해방되었기 때문이다.

"그러므로 이제 그리스도 예수 안에 있는 자에게는 결코 정죄함이 없나니, 이는 그리스도 예수 안에 있는 생명의 성령의 법이 죄와 사망의 법에서 너를 해방하였음이라"(롬8:1-2)

반면에 거듭나지 못한 불신자들은 항상 죄의 절대적인 지배 아래 있게 된다. 그들은 죄의 노예가 된 상태에서 출생하고 거듭나기 전까지 평생을 죄에 굴복하고 끌려 다닌다. 그들의 마음과 영혼은 언제나 죄의 법에 매여 있어 하나님으로부터 멀어져 있고, 육체의 소욕에 따라 육체의 일을 추구하는 인생에 올인한다. 이 자체가 하나님과 원수된 것으로 진노의 대상이 된다.

"육신을 따르는 자는 육신의 일을, 영을 따르는 자는 영의 일을 생각하나니, 육신의 생각은 사망이요 영의 생각은 생명과 평안이니라. 육신의 생각은 하나님과 원수가 되나니 이는 하나님의 법에 굴복하지 아니할 뿐 아니라 할 수도 없고 없음이라. 육신에 있는 자들은 하나님을 기쁘시게 할 수 없느니라"(롬 8:5-7)

죄인의 비참

이 죄의 굴레는 인간 스스로 벗을 수 없는 무거운 짐이며 지울 수 없는 노예도장(인)이다. 불신자들은 자력으로는 결코 이러한 죄의 지배로부터 벗어날 수 없다. 그들에게 있어 죄는 신분은 물론 내면세계와 외적 삶, 삶의 목적 등에 총체적으로 지배력을 행사하고 있으며 그렇게 살다가 죄 가운데 죽는다. 그 모든 죄 된 삶의 이름은 '비참'(misery)이라는 것이다.

그래서 죄는 곧 비참이다. 이 비참은 아담이 먹은 선악과의 하얀 속살에 물든 아벨의 핏빛이다. 가인의 칼에 죽은 아벨의 피가 땅에 떨어지자 세상은 핏빛으로 물들어졌다. 죄의 세상은 핏빛의 세상이다. 한 번 핏빛으로 물들어진 세상은 다시는 천국의 고결한 빛의 색깔을 회복하지 못한 채 어둠을 색칠한다. 밝은 빛이 방안에 비추이지 못하도록 세상은 창문에 두꺼운 커튼을 치고 빛을 차단한다. 이것이 죄가 하는 일이다.

어둠속에 갇힌 사람이 건강해지는 법은 없다. 인간의 창에 드리워진 죄의 커튼은 시간이 지날수록 한 인간을 어둠속에 갇혀 살게 만든다. 성경은 이런 상태의 인간을 일러 '어둠의 자식'이라 부른다. 어둠 속에선 아무 것도 볼 수 없고 무엇이 무엇인지 분별하지 못하고 그야말로 짐승처럼 비참의 나락으로 빠진다. 그저 죽을 날만 기다리며 투병하는 나약한 이들의 눈빛을 보라. 완전히 사람의 의욕마저 상실한 그들의 눈빛에는 영혼마저 빠져나간 것처럼 느껴진다. 이것이 비참의 실체다. 칼빈은 그의 기독교강요에서 죄로 인한 영혼의 부패는 일부분에 국한된 것이 아니라 모든 부분에 침투하여 인간의 총명은 눈 멈에 마음은 타락함에 복속되었기 때문에 부패를 감각적 충동에 국한시키는 것은 무의미하고 어리석은 짓이라고 말했다.

그러므로 무엇보다 죄인은 자신의 상태가 비참함에 있다는 것을 알아야 한다. 1563년 독일에서 작성된 하이델베르그 요리문답 제2문은 바로 이 점에 대해 다음과 같이 진술하고 있다.

"당신이 이 위로 가운데서 복되게 살고 죽으려면 몇 가지 사항을 알아야 합니까?"

"다음 세 가지를 알아야 합니다. 1) 나의 죄와 비참함이 얼마나 크다는 것과 2) 내가 나의 모든 죄와 비참함으로부터 어떻게 구속되었다는 것과 3) 내가 어떻게 하나님께 그러한 구속을 인하여 감사해야 할지를 알아야 합니다."

위의 진술에 따라 죄인이 죄와 비참으로부터 벗어나는 첫 번째 시도는 죄와 비참의 실체에 대해 정확한 지식을 가지는 것이다. 실로 어둠에 있는 자는 자신이 어둠 안에 있다는 사실조차 인식하지 못할 것이다. 그러므로 어둠에 갇힌 자를 밖으로 꺼내기 위해 제일 먼저 우리가 해야 할 일은 그에게 현재 상황을 설명하고 올바른 지식을 가지도록 하는 일이다. 이것이 바로 복음이다. 복음은 죄인으로 하여금 자신이 죄인임을 알게 하는 각성제이다. 그리하여 복음은 누운 자를 일으키고 앉은 자를 서게 하고 선자를 걷게 하고 걷는 자를 행동하게 하여 일하게 하는 힘과 능력이다. 이때 인간에게 새로운 힘이 생긴다. 드디어 그는 손을 뻗어 창문을 가리고 있는 커튼을 열어 재낀다. 아, 이 놀라운 변화의 광경을 상상해 보라. 방금 전까지만 해도 자리에 누워 끙끙 앓던 환자가 소생하여 힘을 내어 생명의 일을 하는 모습보다 더 아름다운 광경이 있는가?

그러나 이것으로 다 끝난 것이 아니다. 빛을 맛보고 밖으로 걸어 나왔다 하여 한꺼번에 모든 문제가 다 해결된 것은 아니다. 그는 여전히 옛 습관에 길들여져 있는 몸을 가지고 있다. 정상적으로는 잠 잘 시간이 아님에도 그는 졸립고 피곤하다. 그래서 다시 자리에 누우려 하고 새롭게 정해진 규칙대로 움직이고 적응하기를 거부한다. 심한 경우엔 다시 옛날로 돌아가려고 몸부림을 친다. 죄의 굴레는 벗겨지고 죄의 방에서는 탈출했지만 그곳에서 행하던 행동양식과 습관은 여전히 몸에 익숙해진 채로 남아 그의 새로운 행동양식을 가로막는 것이다. 이것은 죄의 습관이 몸에 남아 있다는 반증인데 보통 '죄의 경향성'이라 한다. 이 죄의 경향성은 거듭난 신자 안에도 그대로 남아 자주 신자의 육체의 일로 출몰한다. 그만큼 죄로 인한 부패와 오염과 부패와 타락의 정도가 심중하다는 것을 증명한다. 미국 웨스트민스터신학교의 조직신학자였던 존 머레이(John Murray)는 이를 다음과 같이 설명한다.

"죄는 도덕적 악이다. 이것은 하나님의 거룩하심과 관련된 진술로서, 모든 죄가 하나님의 거룩한 본성과 그 본성의 나타남인 창조의 목적에 부합하지 않은 일체의 경향성이라는 사실을 지시한다. 그것은 신적 당위의 위반으로서 오염과 죄책을 수반한다"

육신의 정욕

결국 죄의 문제를 다룰 때 가장 문제의 핵심은 인간의 육신이다. 성경에서 육신은 바울이 로마서 8장에서 밝힌 대로 예수 안에 있지 않았던 거듭나기 이전의 상태 그 자체를 가리킨다.

또 육신은 다른 말로 본성으로 표현되기도 한다. 성경은 우리의 본성에는 선한 것이 없다고 명백히 선언한다.

"내 속 곧 내 육신에 선한 것이 거하지 아니하는 줄을 아노니"(롬7:18)

"더럽고 믿지 아니하는 자들에게는 아무 것도 깨끗한 것이 없고 오직 저희 마음과 양심이 더러운지라"(딛1:15)

"만물보다 거짓되고 심히 부패한 것은 마음이라 누가 능히 이를 알리요마는"(렘17:9)

물론 이 말씀들이 모든 불신자들의 선행을 전부 무시하거나 부인한다는 뜻이 아니다. 조직신학자 웨인 그루뎀은 이렇게 말한다.

"모든 불신자들이 인간사회에 선을 행할 수 있음을 부인하는 것은 아니다. 다만 그들이 하나님과의 관계에 있어서 선을 행한다든지 영적 선을 행할 수 있다는 것을 부인한다. '우리 삶 속에 거하시는 그리스도의 사역을 떠나면 우리는 모두 총명이 어두워지고 저희 가운데 있는 무지함과 저희 마음이 굳어짐으로 말미암아 하나님의 생명에서 떠난'(엡4:18) 불신자들과 다를 바 없다"(그의 조직신학 상, 751p).

그러므로 육신대로 산다는 것은 본성대로 사는 것이다. 본성대로 산다는 것은 하나님이 기뻐하시는 선을 절대로 행하지 못하며 산다는 것과 같다. 이런 삶을 성경은 육체의 일(갈5:19)이요, 육신의 정욕이라 부른다. 그렇다면 이 육신의 일과 정욕에서 벗어나는 길은 무엇인가?

16세기의 위대한 청교도 신학자인 존 오웬(John Owen, 1616~1683)은 〈죄 죽이기, the mortification of sin〉를 통해 우리에게 중요한 교훈을 던졌다. 그는 신자 안에 내재한 죄를 죽이기 위해 먼저 '몸의 행실'을 죽이라고 조언한다. 사도 바울은 "너희가 육신대로 살면 반드시 죽을 것이로되 영으로써 몸의 행실을 죽이면 살리니"(롬8:13)라고 말했다. 이 구절에서 앞의 '육신'은 '사르크스'요, 뒤의 '몸'은 '소마'라는 단어가 사용되었다. 이 둘을 굳이 구분하자면 '소마'는 단순히 몸 덩

어리 그 자체를 가리키지만 사르크스는 육체가 하는 모든 일을 총합적으로 나타낼 때 사용된다. 그러므로 몸은 육신의 일을 행하는 도구로서 모든 불의를 행하는 지체들의 다른 이름이다. 이런 점에서 몸은 확실히 '죄의 몸'(롬6:6-이며 '옛사람'의 상징적인 이름이다.

특별히 오웬은 '몸의 행실'을 주로 외적으로 나타나는 행동으로 본다. 즉 갈5:19에 나타난 육체의 일과 같은 의미로 본다. 동시에 오웬은 그 행위 이면에는 그 행위를 일으키는 원인들이 내재해 있음을 말한다. 그것은 곧 인간의 정욕이다. 실제로 바울은 롬 7장과 8:1에서 우리 몸속에 거주하고 있는 정욕과 죄를 언급하고 있는데 죄 성을 가진 모든 행동이 바로 이 내주하는 죄에서부터 출발하며 그것이 근본 원인이 되어 인간을 파멸로 이끄는 더러운 열매들이 나타난다고 보았다. 즉, '육신의 생각'(롬8:6)으로 표현되는 이것은 '몸의 행실'이며 육신의 '정욕과 탐욕'(갈5;24)과 같은 의미이다.

죄와의 전쟁

그렇다면 '몸의 행실을 죽인다'는 것은 어떤 의미인가? 이를 바로 알기 위해선 지금 바울이 쓰는 이 역설이 무엇을 전제하는가를 알아야 한다. 이 말은 어떤 광신자들처럼 자기 몸을 해하고 칼로 찌르고 혹은 자기 몸이 하는 모든 역할을 사용치 못하도록 제어하거나 결국 자살을 하라는 선동어가 아니라 우리 속에 거하는 옛사람이라는 죄의 인격체를 죽이라는 뜻이다. 이 죄라는 인격체는 반드시 말살해야 한다는 것이다. 옛사람의 존재와 가치를 부각시키고 그를 높이려는 모든 시도를 성령의 능력으로 완전히 진압해야 한다는 것이다. 결론적으로 바울은 이 모든 죄 죽임을 한 마디로 이렇게 표현한다.

"십자가에 못 박히는 것"(롬6:6)

이것을 통해 우리 자신 또한 주님과 함께 죽었다고 선언한다. 그 결과 실제로 새 생명 가운데서 살아갈 수 있는 하나의 원리가 우리 마음속에 심겨지게 된 것이다. 이것으로 옛사람은 죽고 새사람이 주 안에서 굳게 서게 된 것이다

"그러므로 너희가 주 안에 곧게 선즉 우리가 이제는 살리라"(살전3:3)

모든 신자는 중생 이후(회심 이후) 죄의 문제가 해결되자 예수 밖에서 예수 안으로 자리를 옮기게 된다. 이것이 가능하게 되는 것은 육신의 자리에 성령이 오시어 내주하시기 때문이다. 내주 하시는 성령의 역사는 옛사람을 죽이고 새사람의 기운을 불어넣으신다. 새사람의 기운이 생기니 이제 인생이 달라지게 된다. 불의한 사람이 선한 사람으로, 더럽고 추하고 탐욕적인 사람이 거룩한 사람으로, 어둠속에서 불안에 떨던 사람이 평온을 되찾고 기쁨을 누리는 사람으로, 늘 부정적이고 불평불만으로 세월을 소모하던 사람이 감사와 섬기는 사람으로 변모하게 된다. 이 모든 일이 '죄를 죽이는 일'로부터 시작된다. 이 모든 과정에 대한 오웬의 정리는 깔끔하다.

· 죄를 죽이는 것은 신실한 믿음을 가진 성도라면 마땅히 행해야 할 본분이다(골3:5, 고전9:27)
· 내주하는 죄는 언제나 도사리고 있다. 이 세상에서 목숨을 부지하고 있는 한 죄에서 면제된 인생은 없다(빌3;12, 고전13:12, 벧후3;18, 갈5;17)
· 성령과 새로운 본성으로만 재주하는 죄와 맞설 수 있다(갈5:17, 벧후1:4-5, 롬7:23)

정말로 우리 속에는 죄가 사라지지 않고 도사리고 있음을 인정해야 한다. 우리 인생은 죽을 때까지 이 죄와 싸워야 한다는 것도 인정해야 한다. 이 죄와의 전쟁에는 휴전이 없다. 육체의 소욕은 언제나 성령을 거스른다(갈5:17). 죄는 끊임없이 우리에게 도전하고 유혹하는 손짓을 한다(약1:14-15). 죄는 잠자리에 누운 시간 외에는 잠시도 쉬지 않고 우리 마음 밭에 정욕의 씨앗을 뿌린다. 죄는 굉장히 부지런하다. 그래서 내 속 곧 육신에는 선한 것이 거하지 못한다. 선은 행치 않고 악을 행하도록 만든다. 이렇게 죄가 활동하고 쉼 없이 노략질하고 아름다운 정원을 뒤엎고 훼방을 함에도 죄와 싸우지 않고 죄와 타협하고 사는 인생은 결국 마지막 보루인 자신의 영혼의 성까지 침노를 당하여 패망하게 될 것이다.

성령

그러므로 이제 당신은 성령을 동원하라. 성령만이 당신을 몸의 사욕에서 벗어나게 할 것이다.

"그러므로 너희는 죄로 너희 죽을 몸을 왕 노릇 못하게 하여 몸의 사욕을 순종치 말고, 또한 너희 지체를 불의의 무기로 죄에게 내주지 말고 오직 너희 자신을 죽은 자 가운데서 다시 살아나 자 같이 하나님께 드리며 너희 지체를 의의 무기로 하나님께 드리라. 죄가 너희를 주장하지 못하리니 이는 너희가 법 아래에 있지 아니하고 은혜 아래에 있음이라. 그런즉 어찌 하리요 우리가 법 아래에 있지 아니하고 은혜 아래에 있으니 죄를 지으리요 그럴 수 없느니라"(롬 6:1-15)

또 성령으로 말미암아 신자는 '신성한 성품'(벧후1:4-5)에 참여하는 특권을 소유하게 되었다. 이 신성한 성품이 성령의 열매이다(갈5:22). 모든 씨앗은 열매가 되었을 때 가치가 있 듯이 모든 존재는 목적을 달성할 때 그 존재의 가치가 발현된 다. 이 땅에 목적 없는 존재는 없다. 산에서 구르는 돌멩이 하 나도 존재의 의미가 있고 가치가 있다. 하나님이 지으신 모든 피조물은 각자 자기 존재를 말하고 있다. 성도는 하나님의 나 라에서 하나님과 함께 영생하도록 지음을 받고 선택을 받은 존재들이다. 이를 위해 죄인으로 태어나 살던 성도들을 성령 으로 거듭나게 하시고 거룩한 존재로 만드시는 것이다. 이것 이 성령의 열매이다.

거룩한 성령을 바라보라. 그리고 의지하라. 성령에 의지하면

신자는 죄와의 싸움에서 반드시 승리하게 되어 있다. 가장 미련한 신자는 성령의 도움 없이 홀로 싸우려 하는 자이다. 성령에 의지할 때 우리의 겉사람은 낡아지나 속사람은 날로 새로워지는 것이다. 죄는 늘 기습한다. 늘 틈 사이로 공격한다. 그래서 마귀에게 틈을 보이지 말아야 한다. 자신을 공격하는 자에게 약점을 보이는 것은 치명타가 된다. 그러므로 늘 성령과 함께 동행해야 한다. 성령이 지킬 때 적군은 틈을 발견치 못하고 기습하지 못한다.

사는 법

살고 싶은가? 그렇다면 죄와 싸우라! 죄를 거스르며 살라! 물론 거스름은 결코 쉬운 일이 아니다. 흐르는 강물을 따라 배를 젓는 것은 쉽지만 강물을 거슬러 올라가는 것은 힘든 싸움이다. 이 땅에서 성도로 사는 것은 이 세상을 거스르며 사는 것이다. 각자에게 주어진 육체의 힘은 세상을 따르는 일에 사용하는 것이 아니라 세상을 거스르기 위해 사용되어야 한다.

그리스도 안에서 거듭난 성도는 이제 더 이상 죄의 통치를 받는 사람이 아니다. 성도는 하나님의 은혜의 지배 아래에 있는 사람이다. 그러므로 성도는 하나님의 은혜 아래에서 하나님의 뜻에 따라 성령님의 인도하심에 온전히 순종하는 인생을 살아야 한다. 무엇보다 자신 안에 잔재한 죄의 경향성에 유혹당하지 말고 끊임없는 결단과 죄와의 싸움을 통해 승리하며 살아야 한다. 그리고 싸우면서 늘 상황을 성령께 보고해야 한다. 성령은 작전사령부에서 총지휘를 하는 총사령관이시다. 총사령관의 지휘를 거부하는 병사는 죽음을 앞당길 뿐이다. 승리하라!

맑게 갠 하늘처럼 거듭난 영혼의 세계도 이러하리

닫는 마음

사람이 무섭다.
사람 속의 죄가 끔찍하다.
이 죄와 싸워 이기지 못하여 두렵고 부끄럽다.
늘 패잔병이다.

사람은 모두 죄인이다.
사람은 영혼이 죽은 몸 덩어리다.
사람의 일은 육신의 일이다.
육신의 본성은 죄악이다.

사람과 사람이 만나는 것은
죄와 죄가 만나는 것이다.
죄는 죄를 낳으니
죄와의 만남은 죄와의 결합이다.

결국 사람은 죄 때문에 죽는다.
모두 죽기 위해 산다.
그럼에도 죽는 줄 모르고,

죽는 것을 잊고 산다.

잊는다고 다 해결되는 것이 아니다.
보이지 않는다고 있는 것이 없어지진 않는다.
있는 것은 있는 것이다.
죽음은 사라지지 않고 늘 함께 있다.

죽고 싶지 않다.
죽지 않고 영생을 누리고 싶다.
영원히 주님과 함께 살고 싶다.
기쁘고 즐겁고 행복하게 살고 싶다.

오, 주님
당신이 계신 그곳에서 만나리라 믿습니다.
영원히 함께 살 것이라 믿습니다.
혹시 그곳에서 불 수레를 탈 수 있을까요?

피날레

무서운 사람들이 세상을 지배하며 살고 있다. 하나님을 모르는 사람들이 온 천하에 득실거린다. 교회의 십자가가 눈에 거슬린다는 사람들이 갈수록 늘어간다. 자신들의 삶의 영역에 하나님과 교회와 그리스도인들이 눈에 띄지 않았으면 좋겠다고 말한다. 그들의 말에는 저주와 증오가 담겨 있다. 그럼에도 자기들끼리도 사이좋게 지내지도 않는다. 이웃에 대한 사랑은 옛말이다. 사람보다 애견에 대한 사랑이 더 지극하다. 조금이라도 자기영역을 침해하는 것을 용납하지 못한다. 모든 삶의 목적과 수단은 오직 육체의 정욕을 추구하고 그 소욕을 만족시키는 일에 국한되어 있다. 그들에게 영적인 세계는 눈에 보이지도 않고 머리에 들어있지도 않다. 그들의 세상은 단지 눈에 보이는 세계요, 현실의 세계일뿐이다.

더 무서운 것은 '개념'도 없다. 개념은 정체성이 무엇인가를 밝히는 것이다. 자신이 누구인지, 어디서 왔는지, 무엇 때문에 태어났는지, 어디로 가는지에 대한 고민의 흔적도 없다. 그런 질문은 자신에게 아무런 유익을 주지 않는다고 하여 쓰레기 취급한다. 이 본질적인 개념이 사라진 자리엔 오직 자기 영광과 유익의 추구만이 점령하고 있다. 이 일을 가로막거나 침범하는 자는 적으로 간주하고 공격한다. 이 행동에 예절이나 인격이나 도덕과 윤리적 규정 혹은 사회적 관습은 중요치 않다. 누구든지 자기 앞을 가로막아선 아니 되고 자기 일을 간섭하고 주도하고 지시 명령하지 말아야 한다.

진리에 대한 생각도 엉뚱하다 못해 완전한 모순을 가지고 산다. 포스트모더니즘(postmodernism)이라 불리는 현대사회의 특징 중 하나로 '진리상대주의'를 거론한다. 이는 아무도 절대적인 진리를 독점하지 못한다고 하면서 모든 사람은 각자의 진리를 소유하고 주장할 수 있다는 궤변이다. 다시 말해 하나님만이 궁극적 존재이자 진리가 아니라는 것이다. 구원의 길도 기독교만이 독점하는 것이 아니라 모든 종교가 나름대로의 구원의 길을 가지고 있다고 하는 것이다. 예수 그리스도만이 구원이 아니라는 것이다. 이른바 '종교다원주의'이다. 서로 다른 의견과 사상과 이념 및 세계관 등을 존중하는 것이 중요한 본질이라는 것이다. 동시에 이들은 모래알처럼 서로 섞이기를 거부하면서 겉으로는 이 상태를 유지하는 것이 곧 인류사회의 평화를 지키는 길이라고 강변한다. 그러나 서로 칼을 숨긴 채 내미는 악수를 누가 평화의 제스처라고 믿을 수 있을까? 2+2를 4가 아니라 자기 생각에 3도 되고 5도 된다고 주장하는 것이 평화를 지키는 일일까? 유한하고 절대적인 존재가 아닌 인간의 생각이 진리가 될 수 있을까? 개구리 한 마리가 여름밤을 울리면서 '내가 피아노를 만들었다'고 우기는 것보다 더 황당한 이야기들이다. 인간은 그럴만한 존재가 아니다.

모든 인간은 한 사람도 예외 없이 죄 가운데서 태어나고 죄의 지배를 받으며 인생을 산다. 성경은 이런 인간을 '죄인' 혹은 '악인'이라 부른다. 죄인과 악인이 하는 일은 범죄하고 악행 하는 것뿐이다. 존재 자체가 선이 아니라 악이다. 빨간색 잉크는 언제나 빨간색 글씨를 쓰듯이 죄인은 언제나 죄악을 행한다. 그들이 법을 지키든, 선을 행하든, 사랑하고 부모에게 효도하고, 이웃을 구제하고 봉사하고 섬기고 장학금을 전달하고 자선을 베푼다 해도 그 모두는 선도 아니고 거룩함도 아니고 본질적으로 가치가 있는 것도 아니다. 오직 그 모든 행위는 자기 영광과 자기 유익을 위한 일이다. 죄는 죄일 뿐이다. 그들은 언제나 죄의 절대적인 지배 아래에 있고 이 지배의 영향은 그들의 모든 것에 미칠 뿐이다. 그들의 삶은 언제나 '비참'이다.

그러나 유일하게 그리스도인만은 죄의 지배에서 벗어나 이 땅에 사는 하나님의 택하심을 받은 자녀요 거룩한 백성이며 존귀한 교회이며 성도이다. 그리스도인은 은혜 아래에 있고 은혜를 먹으며 산다. 이 은혜는 성령으로 말미암아 지속적으로 공급된다. 성령이 주시는 은혜는 몇 가지 특징을 가진다.

첫째, 육신의 힘으로 살지 않고 영적인 힘으로 살 수 있도록 영적 은사들(gifts)을 수여하신다. 앞에서도 언급했지만 거듭난 성도라 해도 죄의 경향성, 즉 죄의 상대적 지배의 영향을 받는다 하였다. 그러나 은사를 받은 성도의 삶은 갈수록 현저히 약화된 죄의 상대적 지배를 받는다. 성령의 은사가 죄의 지배와 영향력을 감소시킨다. 성령의 은사는 모든 죄의 유혹으로부터 성도들을 보호하고 영원한 생명의 법에 순종하도록 이끄신다. 나아가 성령은 그리스도 안에서 성도가 그리스도와 연합하도록 이끄신다. 그리스도는 교회의 머리로서 그의 몸인 교회를 은혜로 말미암아 영적으로 연합시킴으로 그리스도와 교회를 나눌 수 없는 한 몸이 되게 하신다. 성령께서는 은사들과 영적인 능력들(abilities)로써 연합을 이루어 교회를 세우신 목적을 따라 일하게 하신다.

둘째, 말씀의 은혜 아래로 이끄신다. 죄의 지배 아래에서도 성도는 불신자들과 달리 하나님의 말씀을 사모하게 되고 그 말씀이 생명의 말씀이요 진리의 법칙이라는 사실을 깨달아 온 마음과 영으로 받아들인다. 이 모든 과정에도 성령의 은혜가 개입된다. 말씀을 깨닫도록 성령은 어두운 마음에 불을 밝히는데 이를 '조명'(illumination)이라 한다. 거듭나기 전에는 성경 66권의 내용이 무엇인지도 몰랐고 그 내용에 대해 알고 싶은 마음도 없었지만 성령의 은혜가 주입되면(카톨릭신학은 이를 '주입된 은총'이라 한다) 성경의 기록된 글들이 인간의 기록물이 아니라 살아계신 하나님의 생명의 말씀임을 깨닫게 되는 것이다.

셋째, 성령의 은혜는 하나님의 말씀이 이제 성도에게는 영적인 양식이 됨을 알고 믿도록 역사하신다. 거듭나기 전까지 오직 육신의 양식만 먹고 살았지만 이제 거듭난 주의 백성들은 영적 양식인 하나님의 말씀을 함께 먹고 살아야 한다는 것을 알게 된다. 이 말씀이 곧 길이요 진리요 생명이기 때문이다. 무엇보다 영적인 양식은 영양분이 풍부하기 때문에 이 양식을 부지런히 먹는 사람의 영혼의 건강상태는 날로 새로워지고 강건해 진다. 건강한 사람이 일할 수 있듯이 영적으로 건강한 성도는 더욱 하나님의 일을 애쓰게 된다. 무엇보다 내적인 깨달음이 깊을수록 영혼 전체에 미치는 거룩한 영향력이 크게 미치어 하나님의 말씀대로 삶을 실천하고자 한다. 이것이 말씀에 대한 지고지순한 순종의 삶이다.

넷째, 성령의 은혜는 한 사람의 감정에도 영향 끼친다. 무엇보다 그리스도와 이웃에 대한 사랑의 깊이가 달라진다. 육적인 사랑에는 호불호가 개입되고 수준과 한계가 존재한다. 육적인 사랑은 영원하지 않다. 그 사랑은 식어지거나 변질된다. 그러나 영적인 사랑은 영원하고 순결하며 호불호가 없으며 오직 사랑만을 위한다. 성령의 은혜는 이 사랑으로 성도를 이끄신다. 성령이 주시는 모든 은혜의 이름은 사랑이다. 사랑이 없으면 아무 소용이 없다. 성령의 사랑은 육체의 소욕과 수준과 목적들을 초월한다. 이 사랑은 주님이 그리하셨듯이 자기 목숨까지 내어 놓을 수 있는 사랑이다. 한 사람의 거듭난 성도가 영원토록 지녀야 할 바로 그 사랑이다. 한편으로 이 사랑은 도덕적 의무를 준수함과 함께 거룩한 삶으로 인도한다. 가장 거룩한 사람은 가장 도덕적인 사람이며 가장 도덕적인 사람은 가장 거룩한 사람이다. 사랑하는 사람에게 거짓말하지 않는다. 더러운 손으로 사랑하는 사람의 손을 잡으려 들지 않는다. 사랑은 도덕이고 거룩이다. 조나단 에드워즈(Jonathan Edwards)는 "하나님의 사랑만이 모든 도덕의 본질이다"라고 했다. 사랑은 죄의 본성과 습관으로 살던 한 사람의 인격을 점점 성숙하도록 이끌어 드디어 아름다운 하나님의 열매가 된다.

마지막으로 거듭난 성도에게 베푸시는 하나님의 은혜는 수많은 성령의 은혜에도 불구하고 죄의 경향성을 완전히 버리지 못하여 취하고 행하게 되는 여러 죄들을 즉시 뉘우치고 회개할 수 있도록 함에 있다. 그러므로 성령의 진정한 은혜는 성도에게 참회의 기회를 허락함에 있다고 할 것이다. 더러운 옷을 세탁하지 못한 채 입고 다닌다면 마침내 우리 몸도 더러워질 것이다. 그러나 성도에게는 더러운 옷을 세탁할 기회가 있다. 더러워질 때마다 옷을 세탁하라. 죄를 지을 때마다 하나님 앞에 나아와 회개하라. 회개보다 더 큰 용서와 은혜는 없다. 만약 이 참회의 은혜가 주어지지 않았다면 어떤 성도라 해도 하나님과 올바른 관계를 맺을 수 없을 것이며 순결하고 거룩한 백성으로서 아름다운 열매를 맺는 기회를 얻지 못할 것이다. 성령은 언제든지 성도의 마음을 지배하고 그들이 진실 되게 자기 죄를 뉘우치도록 역사하시며 하나님으로부터 멀어진 가련한 영혼을 스스로 바라보며 연민의 눈물을 흘리도록 도와주실 것이다. 회개의 눈물은 모든 죄를 씻게 한다. 사랑하는 자들아,

하나님 앞에 나아와 울자. 하나님 앞에 자신의 처지와 한계와 실수와 범죄에 대해 진실한 고백과 참회를 하자. 참회는 성도의 특권이자 의무이다. 아멘.

신학살이
사람살이

초판발행 | 2018년 3월 1일

펴낸이 | 최더함
펴낸곳 | 크리스천투데이
등 록 | 제2017-000149호
주 소 | 서울특별시 종로구 창경궁로 305
전 화 | 02-598-4564
팩 스 | 02-6008-4204
디자인 | 우미선·정미선

ISBN | 979-11-962405-1-6 03230
정 가 | 11,000원

이 도서의 국립중앙도서관 출판예정도서목록(CIP)은 서지정보유통지원시스템
홈페이지(http://seoji.nl.go.kr)와 국가자료공동목록시스템(http://www.nl.go.
kr/kolisnet)에서 이용하실 수 있습니다.(CIP제어번호: CIP2018005944)」